JN066327

AKITA

47 都道府県ご当地文化百科

秋田県

丸善出版 編

丸善出版

刊行によせて

　「47都道府県百科」シリーズは、2009年から刊行が開始された小百科シリーズである。さまざまな事象、名産、物産、地理の観点から、47都道府県それぞれの地域性をあぶりだし、比較しながら解説することを趣旨とし、2024年現在、既に40冊近くを数える。

　本シリーズは主に中学・高校の学校図書館や、各自治体の公共図書館、大学図書館を中心に、郷土資料として愛蔵いただいているようである。本シリーズがそもそもそのように、各地域間を比較できるレファレンスとして計画された、という点からは望ましいと思われるが、長年にわたり、それぞれの都道府県ごとにまとめたものもあれば、自分の住んでいる都道府県について、自宅の本棚におきやすいのに、という要望が編集部に多く寄せられたそうである。

　そこで、シリーズ開始から15年を数える2024年、その要望に応え、これまでに刊行した書籍の中から30タイトルを選び、47都道府県ごとに再構成し、手に取りやすい体裁で上梓しよう、というのが本シリーズの趣旨だそうである。

　各都道府県ごとにまとめられた本シリーズの目次は、まずそれぞれの都道府県の概要（知っておきたい基礎知識）を解説したうえで、次のように構成される（カギカッコ内は元となった既刊のタイトル）。

Ⅰ　歴史の文化編
　　「遺跡」「国宝 / 重要文化財」「城郭」「戦国大名」「名門 / 名家」
　　「博物館」「名字」
Ⅱ　食の文化編
　　「米 / 雑穀」「こなもの」「くだもの」「魚食」「肉食」「地鶏」「汁

物」「伝統調味料」「発酵」「和菓子 / 郷土菓子」「乾物 / 干物」

Ⅲ　営みの文化編

「伝統行事」「寺社信仰」「伝統工芸」「民話」「妖怪伝承」「高校
野球」「やきもの」

Ⅳ　風景の文化編

「地名由来」「商店街」「花風景」「公園 / 庭園」「温泉」

　土地の過去から始まって、その土地と人によって生み出される食
文化に進み、その食を生み出す人の営みに焦点を当て、さらに人の
営みの舞台となる風景へと向かっていく、という体系を目論んだ構
成になっているようである。

　この目次構成は、一つの都道府県の特色理解と、郷土への関心に
つながる展開になっていることがうかがえる。また、手に取りやす
くなった本書は、それぞれの都道府県に旅するにあたって、ガイド
ブックと共に手元にあって、気になった風景や寺社、歴史に食べ物
といったその背景を探るのにも役立つことだろう。

＊　　　　＊　　　　＊

　さて、そもそも 47 都道府県、とは何なのだろうか。47 都道府県
の地域性の比較を行うという本シリーズを再構成し、47 都道府県
ごとに紹介する以上、この「刊行によせて」でそのことを少し触れ
ておく必要があるだろう。

　日本の古くからの地域区分といえば、「五畿七道と六十余州」と
呼ばれる、京都を中心に道沿いに区分された 8 つの地域と、66 の「国」
ならびに 2 島に分かつ区分が長年にわたり用いられてきた。律令制
の時代に始まる地域区分は、平安時代の国司制度はもちろんのこと、
武家政権時代の国ごとの守護制度などにおいて（一部の広すぎる国、
例えば陸奥などの例外はあるとはいえ）長らく政治的な区分でも
あった。江戸時代以降、政治的区分としては「三百諸侯」とも称さ
れる大名家の領地区分が実効的なものとなるが、それでもなお、令
制国一国を領すると見なされた大名を「国持」と称するなど、この
区分は日本列島の人々の念頭に残り続けた。

　それが大きく変化するのは、明治維新からである。まず地方区分

は旧来のものにさらに「北海道」が加わり、平安時代以来の陸奥・出羽の広大な範囲が複数の「国」に分割される。政治上では、まずは京・大阪・東京の大都市である「府」、中央政府の管理下にある「県」、各大名家に統治権を返上させたものの当面存続する「藩」に分割された区分は、大名家所領を反映して飛び地が多く、中央集権のもとで中央政府の政策を地方に反映させることを目指した当時としては、極めて使いづらいものになっていた。そこで、まずはこれら藩が少し整理のうえ「県」に移行する。これがいわゆる「廃藩置県」である。これらの統合が順次進められ、時にあまりに統合しすぎて逆に非効率だと慌てつつ、1889年、ようやく1道3府43県という、現在の47の区分が確定。さらに第2次世界大戦中の1943年に東京府が「東京都」になり、これでようやく1都1道2府43県、すなわち「47都道府県」と言える状態になったのである。これが現在からおよそ80年前のことである。また、この間に地方もまとめ直され、京都を中心とみるのではなく複数のブロックで扱うことが多くなった。本シリーズで使っている区分で言えば、北海道・東北・関東・北陸・甲信・東海・近畿・中国・四国・九州及び沖縄の10地方区分だが、これは今も分け方が複数存在している。

　だいたいどのような地域区分にも言えることではあるのだが、地域区分は人が引いたものである以上、どこかで恣意的なものにはなる。一応1500年以上はある日本史において、この47都道府県という区分が定着したのはわずか80年前のことに過ぎない。かといって完全に人工的なものかと言われれば、現代の47都道府県の区分の多くが旧六十余州の境目とも微妙に合致して今も旧国名が使われることがあるという点でも、境目に自然地理的な山や川が良く用いられているという点でも、何より我々が出身地としてうっかり「○○県出身」と言ってしまう点を考えても（一部例外はあるともいうが）、それもまた否である。ひとたび生み出された地域区分は、使い続けていればそれなりの実態を持つようになるし、ましてや私たちの生活からそう簡単に逃れることはできないのである。

＊　　　　　＊　　　　　＊

　各都道府県ごとにまとめ直す、ということは、本シリーズにおい

ては「あえて」という枕詞がつくだろう。47都道府県を横断的に見てきたこれまでの既刊シリーズをいったん分解し、各都道府県ごとにまとめることで、私たちが「郷土性」と認識しているものがどのようにして構築されたのか、どのように認識しているのかを、複数のジャンルを横断することで見えてくるものがきっとあるであろう。もちろん、47都道府県すべての巻を購入して、とある県のあるジャンルと、別の県のあるジャンルを比較し、その類似性や違いを考えていくことも悪くない。あるいは、各巻ごとに精読し、県の中での違いを考えてみることも考えられるだろう。

　ともかくも、地域性を考察するということは、地域を再発見することでもある。我々が普段当たり前だと思っている地域性や郷土というものからいったん身を引きはがし、一歩引いて観察し、また戻ってくることでもある。有名な小説風に言えば、「行きて帰りし」である。

　本シリーズがそのような地域性を再発見する旅の一助となることを願いたい。

2024年5月吉日　　　　　　　　　　　　　　　執筆者を代表して

　　　　　　　　　　　　　　　　　　　　　森 岡　　浩

目　　次

知っておきたい基礎知識　

I　歴史の文化編　

II　食の文化編　

III　営みの文化編

IV 風景の文化編 145

【注】本書は既刊シリーズを再構成して都道府県ごとにまとめたものであるため、記述内容はそれぞれの巻が刊行された年時点での情報となります

秋田県

▌知っておきたい基礎知識▐

・面積：11640km²
・人口：90万人（2024年速報値）
・県庁所在地：秋田
・主要都市：横手、大仙（大曲）、由利本荘、大館、湯沢、能代
・県の植物：フキノトウ（花）、秋田杉（木）
・県の動物：ハタハタ（魚）、ヤマドリ（鳥）
・該当する旧制国：東山道出羽国（主要部）・陸奥国（鹿角市周辺）→
　　羽後国・陸中国
・該当する大名：久保田藩（佐竹氏）、本荘藩（六郷氏）
・農産品の名産：米、ネギ、アスパラガス、トマト、スイカ、シイタケ、
　　比内地鶏など
・水産品の名産：ハタハタ、マダラなど
・製造品出荷額：1兆3078億円（2021年経済センサス）

●県　章

秋田県の「ア」の字を図案化し
たもの。

●ランキング1位

・**持家住宅率**　高い県としては富山が有名なものの、2018年の統計では77％という数値を秋田県が出している。このほか、近隣の山形・新潟、北陸地方の福井、中国地方の島根といった県も割合が比較的高い。日本海側一帯にその傾向があるものの、新築が多いのか、という点については、統計に2世代同居も含まれているため、判断を保留する必要がある。

●地　勢

　北東北3県の一つである。大きくは中央部を貫流する雄物川、北部を貫流する米代川、鳥海山からそそぐ子吉川の3つの河川の流域からなり、県庁所在地の秋田市はこのうち雄物川の河口近くに位置する。特に雄物川流域には県庁所在地の秋田市がある下流の秋田平野をはじめ、中流部にも横手盆地という広大な低地があり、穀倉地帯として知られている。

　海岸線は日本海に面し、砂浜海岸が多い。ただし、雄物川河口の北側で火山由来の男鹿半島が砂洲につながれる形で突き出しており、その内側にはかつて国内有数の広さを持つ湖だった八郎潟が存在した。現在はほぼ全域が干拓され、調整池を残すのみとなっている。また、かつては県の南部、鳥海山の麓に松島と並び称された多島海の景勝地、象潟が存在したが、こちらは江戸時代に地震で隆起して陸地化し、現在はかつての島であった丘が水田の中に点在している。

　山岳地帯としては南部の鳥海山をはじめ、青森県との県境の白神山地、山形との県境をなす丁岳山地、東の県境をなす奥羽山脈の火山群、県の中央部に向かって突き出した大平山地や森吉山などがある。

●主要都市

・**秋田市**　佐竹氏久保田藩の城下町として整備された中心市街地と、中世以来の日本海貿易の港町である土崎などからなる。地名の由来の一つであった古代秋田城の遺跡は、中心市街地と土崎の間のやや土崎寄り、雄物川の近くで発掘された。

・**横手市**　冬のかまくら行事で有名な、内陸部の中心都市。古くは豪族小野寺氏の拠点に由来し、また、後に奥州藤原氏につながることになる平安時代の豪族清原氏の本拠もこの市内にあったと推定されている。

・**大仙市（大曲）**　横手盆地の北側に位置する、花火競技会で有名な都市。名前の由来は「大曲」と「仙北郡」であり、さらに仙北郡はこの地方の古称である「仙北三郡」にさかのぼる。江戸時代中期以来、戦前に至るまで国内有数の大地主に数えられた池田家の家屋庭園は現在でもこの市に存在する。

・**由利本荘市**　南東部の由利郡の中心地。六郷氏の本荘藩の城下町に由来する小都市。市内の海岸では1955年頃から、日本初のロケット（ただし小型、ペンシルロケット）の発射実験が行われた。

・**能代市**　地名自体はおそらく「淳代」として古くは奈良時代から記録されている地域。ただし、現在の能代の町は中世以降、米代川流域の木材・鉱物の積出港として発展した町である。このために木材加工業が集積、戦前から「木都」と呼ばれるほどであった。大火に何回かあっているものの、ヒバを用いた大舞台が残る近代和風建築も現存する。

・**大館**　県北地方の米代川流域の盆地にある小都市。隣の小坂町をはじめとして近隣には多数の高山を擁し、その中心地として栄えた。

・**湯沢市**　県の最南東部、山形県に境を接する小都市。小野小町の伝説が残り、また国内有数の銀山であった院内銀山も所在する。

●主要な国宝

・**線刻千手観音等鏡像**　大仙市にある県内唯一の国宝。千手観音の姿が刻まれた青銅製の八稜鏡で、平安時代のものと推定されている。1677年、横手盆地の北側に玉川の水を引いて開墾するための下堰用水路の工事が進められていた最中、これが偶然に発見された。水神としてお祀りするように、という時の久保田藩主の判断で水神社が建立され、そのご神体となっている。

●県の木秘話

・**フキノトウ**　山野に早春に出るフキの若い花芽である。フキは本州北部地方と北海道を自生地とするが、その種の一つであるアキタフキは傘替わりに使えるほど巨大なことで知られ、江戸時代の久保田藩主が江戸城で自慢したところ信じてもらえなかったため、飛脚で地元から運ばせたという伝説まで残っている。

・**秋田杉**　阿仁山地や米代川流域に広がる杉林は古くは奈良時代から利用

の痕跡があるが、16世紀末の伏見城建築への使用を皮切りに、建築材としての広範な利用が進んだ。そのため、早くから木材資源の払底と山野の荒廃は警戒されていたものの、久保田藩の財政難に伴う現金収入の目論見もあって荒廃は進んでしまっていた。この状況を大きく見直し、山中までの実地検分の徹底と管理台帳の作成、藩による移出管理とそれによる見返りとしての利益配分の住民への増加などで森林資源の回復に先鞭をつけた賀藤景林（とうけいりん）の名は今でも知られている。現在の秋田杉は天然林のものは流通停止している。

●主な有名観光地

・**田沢湖**　横手盆地からみて北東側、玉川源流近くにある水深423ｍもの深い湖。古くから八郎潟・十和田湖ともども、湖の主にかかわる伝説が語り継がれてきた。また、近くの玉川に翻弄された湖でもあり、「玉川毒水」とも呼ばれた酸性の強い水を中和するために田沢湖にその水が1940年頃に導かれ、クニマスをはじめとした多くの魚種がみられなくなった。さらには後にこの中和も効かなくなり、一時は農業用水である田沢疎水の水質に影響を与えている。

・**八幡平**（はちまんたい）　岩手県との県境にそびえる巨大な山で、高層湿原でも知られる。また、地熱資源の多い地域でもあり、多数の地熱発電所が存在する。

・**男鹿半島**（おがはんとう）　八郎潟を内側に抱いて日本海へと突き出した小半島。火山に由来する奇岩や地形が多く、きれいな円形をなす湖「一ノ目潟」なども有名である。また、このために荒れやすい日本海の北西季節風をいったん避ける湊として船川湊が知られていた。

・**鳥海山**　山形との県境にそびえ、両県からの信仰もあつい「出羽富士」とも呼ばれる山。麓にあった景勝地象潟（さきがた）は、もともとは鳥海山が山体崩壊を興した時に流れ込んだ土砂によって形成されたとみられる。なお、関係しているのは名前くらいだが、鳥海山から見て内陸になる横手盆地には、かつて広大な湖だったところを干し上げて豊かな土地が生まれたという「鳥の海の干拓」伝説がある。

・**小坂鉱山**　北部地方、鹿角（かづの）と大館の間の山中にあった一大鉱山。開発は1861年とかなり新しく、そのために鉱山事務所や芝居小屋をはじめとした近代洋風建築が残っている。なお、小坂は東隣の鹿角ともども江戸時代には南部藩領だった。

・角　館　大仙市にある、江戸時代の武家屋敷が数多く残る、桜並木とともに有名な町。久保田藩の時代、地方を差配するために藩主佐竹家の分家が配されたことによる。また、戊辰戦争では新政府側についた久保田藩が周辺諸藩に攻め込まれて主要都市が多数被害にあうものの、角館は川を堀としたことで久保田藩の反攻までどうにか持ちこたえ、現代にその街並みを残した。

●文　化

・竿燈まつり　秋田市で行われる高い竿に多数の提灯をぶら下げて練り歩く夏祭り。もともとは七夕の風習の一部だったものが、この高い提灯の竿をいかにして操るかに重点を置いた競い合いへと発展した。

・なまはげ　男鹿地方を中心に、年末、鬼の面をかぶり、藁蓑と出刃包丁を持った男たちが「泣く子はいねぇか」「悪い子はいねぇか」と言いながら家に入ってくるという行事。なまはげは丁重にもてなされる。江戸時代にはすでに記録があるが、マレビト信仰（海の向こうなど他の世から神が来訪して福を授けるという考え）と関連しているのではないかと近代には多数の考察が行われた。

・秋田音頭　江戸時代初期の17世紀、久保田藩主のお国入りに際して作られたという民謡。速いスピードと滑稽な歌詞が有名で、はやし立てを次々即興でつなげる歌い方のために、後代にも続々歌詞が加わっている。名物の所を紹介すると、「秋田名物八森ハタハタ、男鹿で男鹿ブリコ／能代春慶、檜山納豆、大館曲げワッパ」。

・大館曲げわっぱ　米代川流域で産する杉を薄板に加工して、それを曲げることで桶や箱を作っていくもの。江戸時代に武士の内職で広まった。

・能代春慶　同じ米代川流域の木材でも、こちらはヒバを使った漆器。春慶塗とは木地を着色したうえで透明に近い漆を用いることで木目を際立たせる技法である。ところが現在、最後の継承者が亡くなったうえに、1949年に能代を襲った大火によって多くの資料が焼失したために技術継承が途絶えた状態になっており、復元の試みがすすめられている。このほか、南部の湯沢市で生産されている川連漆器が盛んである。

・阿仁のマタギ　集団として狩を行う北東北の集団「マタギ」の本拠は、特に比内・阿仁など北部地方の一帯とみなされている。山神信仰や独特の生命観などを持つ彼らは、かつての狩猟が生業という者は激減したものの、

その神事や狩の仕方といった慣習は今も残る。

●食べ物

・ハタハタ　北部の八森の町などを中心に、冬になると押し寄せてくる魚。先述の秋田音頭に「男鹿ブリコ」とうたわれるブリコは、ハタハタの卵である。それでも、乱獲しすぎて激減したために、1990年代には自主的禁漁が行われ、それ以降も生態の調査に基づいて厳重な資源管理がなされている。また、このハタハタを塩と漬け込んで作るのが、日本では珍しい魚醤（魚から作る調味料。ナンプラーなどが有名）「しょっつる」である。

・きりたんぽ鍋　内陸、特に北部地方を中心に、炊いた白米を粒が残る程度につぶして棒に巻き付けて焼いた「きりたんぽ」を、しょうゆと鳥ベースの汁物に入れて食べる鍋。なお、特に巻き付けず丸めたものは「だまこ」という。これに用いられる比内地方の鶏は、古く江戸時代以来の在来種の系譜をついでおり、「おいしい」と有名であった。

●歴　史

●古　代

　青森・秋田・岩手の三県には縄文時代の遺跡が多数存在することが知られているが、ここ秋田には4000年前にさかのぼる環状列石遺跡である伊勢堂岱遺跡や大湯環状列石が存在する。当時は広葉樹の森が広がり、川のサケやマスを捕獲できる土地であったのでは、とされている。一方、古墳はやや少なく、横手にある蝦夷塚古墳群がやや大規模なものである。

　近畿地方に本拠を置く政権の接触は7世紀頃とみられ、『日本書紀』には秋田と比定される場所への軍船の上陸と、渟代（能代）・津軽の両地域に「郡領」を置いたという記事がある。ただし、これは津軽のそれと同様、周辺のエミシの長の支配を認めただけのようだったようである。しかし、沿岸部での北上は着実に進んでおり、708年にまず「出羽郡」が設置。ついでこの郡を割いて712年に出羽国が設置され、733年、北進の拠点として出羽柵、後の秋田城が建造される。ここが古代の城郭としては最北の地点となり、朝廷の北方貿易・征服の拠点となった（1972年から発掘調査開始）。当然ながら奥羽山脈の反対側と同様、征服の対象となったエミシの激しい反発を招き、重税を理由として度々反乱が発生している。9世紀初

頭に秋田以北への朝廷支配地域拡大は一旦停止するも、878年の戦いは特に深刻で、比内地方と県北地方を中心とする反乱側は、雄物川以北からの撤退を朝廷に要求した。秋田城は紆余曲折を経て10世紀までは機能し続けるが、この時の戦いの記憶は、その後も長く武家政権の時代においても、「八介」（慣例上「介」〔令制国の行政実務に当たる次官職〕を名乗ることが許された家・官職）として「秋田城介」が伝統ある呼び名とされる、という形で残った。

●中　世

　秋田城を中心とした出羽国の確立と並行して、そこから雄物川を遡った中流域たる横手盆地一帯も、朝廷支配下に下ったエミシなどを中心に開発が進み、平安時代初期までに通称「仙北三郡」と呼ばれる雄勝・平鹿・山本の三郡が成立していた。後代においても穀倉地帯として知られる肥沃な一帯を基盤として、そのエミシの子孫ともされる在庁官人（地元に土着し令制国の行政に携わったもの。後に武士に発展した一族もある）であった清原氏が台頭した。この清原氏がさらに急速に勢力を広げたのが、1051年に始まり約12年続く「前九年の役」である。山向こうの通称「奥六郡」（現在の岩手県中央部：胆沢郡、江刺郡、和賀郡、紫波郡、稗貫郡、岩手郡）に勢力を持っていた安倍氏の鎮圧を朝廷が目論んで始まった戦いは、清原氏の加勢によって安倍氏滅亡で終わったものの、その清原氏が奥六郡の権益を引き継ぐ形となってしまう。それから数年後の「後三年の役」で、清原氏の内紛を制した安倍氏の血を引く清衡が、これら北部地方一帯の支配を固めたうえで諸豪族を取り込み、磐井郡平泉（岩手県）に本拠を設けて陸奥・出羽の大半を勢力圏として確定。彼は藤原に改姓し、奥州藤原氏の始祖となる。出羽側では仙北三郡を中心に、押領使（令制国の国制において反乱などの鎮圧をつかさどる官）として勢威をふるった。

　その支配も1189年、源頼朝による奥州攻めと奥州藤原氏滅亡によって終わる。秋田県域には小野寺氏、小笠原氏、平賀氏など鎌倉・関東に近い御家人が多数入り、その多くが戦国時代末期まで存続した。また、沿岸部と内陸部の動向の違いは引き続き発生している。これは、内陸部に比べて沿岸部は日本海貿易の影響で、隣接する津軽地方などの影響を受けやすいことによるもので、実際、津軽十三湊周辺を本拠地としていた安東氏の一族は、米代川下流域を経由して、三津七湊の一つに数えられる湊町である雄

物川河口の土崎や、米代川河口近くの檜山（ひやま）に定着。彼らが津軽撤退を余儀なくされて以降は、むしろこの秋田一帯を本拠地とするようになっていく。なおこの結果、安東氏の勢力が拡大した米代川流域の比内郡（今でいう北秋田郡）は、16世紀の末にそれまで陸奥国だったものが出羽国に編入されることになる。

一方、内陸部は小野寺氏が諸豪族の筆頭格であった。こちらは豊臣秀吉の仕置を受け、大名としてはここで断絶する。

● 近 世

秋田県の近世は、1602年、常陸国（ひたちのくに）の名族であった佐竹氏が江戸への近さの警戒もあって、秋田の諸大名と交代させられる形で転封させられたことに始まる（安東氏は古代秋田城にちなんで秋田氏に改姓のうえ、後に陸奥三春を領する）。ここでようやく、秋田県は仙北の盆地と沿岸部が同じ領主の支配下になった。唯一、南西部の由利郡のみ、この地方の土豪に由来する六郷氏が藩主として残った。広大な領域への対処のため、佐竹氏は中心として整備した久保田城の他に、北部の大館城と南部の横手城の存続を許され、さらに分家や有力家臣が各所に配された。角館に武家屋敷群が残っているのはこのことによる。また、佐竹氏は鉱山と山林の開発に努めるが、寒冷地故の作柄の悪さと、家臣への給付に多くを回さなければいけないことが災いして慢性的な財政難に陥った。この財政難は、後半の度重なる凶作と、蝦夷地警備の負担でさらに増大する。とは言いつつも、秋田蘭画と呼ばれる独特の西洋画の発展や、木工品・漆芸の発展など見るべき工芸品や産業も多数この時代に発展している。また、秋田県の江戸時代の風俗の記録者としては、菅江真澄（すがえますみ）に触れる必要がある。蝦夷地から東北地方まで幅広く旅した彼は、その後半生で久保田藩に招かれ、その死まで各地を旅行し、また久保田藩領内の地誌編纂を試みた。その記録やスケッチは現代までのこされ、当時の県域の風俗を今に伝えている。

● 近 代

久保田藩は戊辰戦争において奥羽越列藩同盟（おううえつれっぱんどうめい）には参加するものの、新政府軍にももともと近く、最終的に新政府軍に加わった。この結果、後の秋田県域南部は、久保田藩を裏切り者とみなした仙台藩・庄内藩などの侵攻を受けて横手など多くの町が被害を受けた。廃藩置県による1871年の成立

の少し後に、現在の県域がほぼ確定している。なお廃藩置県の直前、久保田藩は「秋田藩」に正式な名乗りを改めた。

　近代の秋田県は主には農業に加え、鉱業・林業を主産業とするようになる。県域の寒冷な自然条件に対抗して、久保田藩の時代から力を入れられた両者は、引き続き県の重要な産業となったのである。例えば、1910年には国内最大級の鉱業専門学校である秋田鉱山専門学校が発足し、これが現在でも鉱業関係の学問では国内有数とされる秋田大学にまでつながっている。この流れでの最近の動きでは、近代以来の八橋油田の近くにあたる日本海沿いで資源調査が進んでいるシェールオイルや天然ガス田、小坂鉱山が拠点となっている金属製品のリサイクル事業があげられる。一方、林業は外材との競争でやや衰え気味である。

　一方、農業についても冷害との戦いが続いていた。戦後の増産の中、かつてはあれほど冷害に悩まされた秋田県のコメの生産量は全国有数となり、また八郎潟干拓事業による大規模農地の造成（大潟村）も行われるが、1970年代を境に減反政策が襲う。その流れに対抗して、1984年にブランド米として「あきたこまち」が広まっていったことは特筆すべきだろう。現代では今度は温暖化によるコメの高温耐性が課題となっているとはいえ、秋田県は依然、国内有数の農業県である。

【参考文献】
・秋田県の歴史散歩編集委員会編『秋田県の歴史散歩』山川出版社、1998
・熊谷公男編『蝦夷と城柵の時代』吉川弘文館、2020
・塩谷順耳ほか『秋田県の歴史』山川出版社、2010

I

歴史の文化編

遺　跡

胡桃館遺跡（木簡）

地域の特色　秋田県は、東北地方の北西に位置し、日本海に面する。東に1,000ｍ級の奥羽山脈、その西には出羽山地が南北に縦走し、北部には白神山地が位置する。また南側の山形県との境には鳥海山（標高2,236ｍ）があり、この付近を水源とする子吉川は本荘平野を形成しつつ、日本海に注ぐ。そして、十分一沢川と南沢川が合流し形成される雄物川は、横手盆地、秋田平野を流れ、日本海に注ぐ。北部には米代川が流れ、内陸盆地（花輪〈鹿角〉・大館・鷹巣）が展開しつつ、能代平野を経て、日本海に注いでいる。そして、日本海側の中央に寒風火山・本山・真山を主峰とする男鹿半島が形成される。海岸線は、3つの河川が形成したほぼ直線的な海岸砂丘が広がっている。これらの砂丘の内側の潟湖が埋積したものが各平野であり、河川の流域を中心として著名な遺跡が点在している。特に米代川流域は、縄文時代前期から中期にかけての「円筒式土器文化」の南限であり、雄物川が「大木式土器文化」の北限と評価されており、文化交流のあり方にも河川が影響を与えている。なお八郎潟は、潟の面積約222km²で琵琶湖に次ぐ大きさであったが、1957〜66年に干拓されている。

　712（和銅5）年の出羽国の建置以降、各地の開発が進められ、733（天平5）年には秋田村高清水岡に出羽柵（後の秋田城）が設置されたが、その成果は必ずしも芳しくなかった。平安時代末期には奥州藤原氏の支配となり、源頼朝による奥州征伐後は、由利氏、橘氏のほか、小野寺、浅利、成田、安保、秋元、奈良などの御家人が地頭職を得てこの地域を治めた。さらに津軽から安東氏が勢力を広げるとともに、仙北地方には戸沢、本堂、六郷などの諸氏が拠り、由利郡には十二頭といわれるような諸氏が割拠して、戦国争乱の世を迎えた。

　江戸時代には旧領主が常陸地方に国替えとなり、秋田・仙北地方は佐竹氏（久保田〈秋田〉20万石）、由利郡は六郷氏（本荘2万石）・岩城氏（亀

　凡例　**史**：国特別史跡・国史跡に指定されている遺跡

田2万石）・生駒氏（矢島8千石・分家2千石）・仁賀保氏（元1万石、後に平沢2千石・分家千石）などの支配となる。鹿角郡は南部氏の支配が続き、また由利郡南境地域は天領となった。戊辰戦争後、出羽国は分割され、現在の秋田県領域は「羽後国」となる。その後、1871年の廃藩置県によって、佐竹氏の支配する秋田藩（旧久保田藩）が廃せられて秋田県となり、次いで同年11月、秋田・岩崎・本荘・亀田・矢島の5県と陸中江刺県のうちの鹿角郡を合わせて秋田県が置かれた。

主な遺跡

米ヶ森遺跡
（よねがもり）

＊大仙市：横手盆地の北端、米ヶ森山麓の台地右端、標高100mに位置　**時代** 旧石器時代、縄文時代中期

1961年、地元の小学校教諭の長山幹丸（ながやまみきまる）によって発見され、1969年より5次にわたり発掘調査が実施された。旧石器時代後期のナイフ形石器（杉久保型・東山型・米ヶ森型）、彫器（ちょうき）、掻器（そうき）、米ヶ森型台形石器、細石刃（さいせきじん）などが発見された。特に1つの石核から規格性のある石器を20個近く取り出す、米ヶ森型台形石器の製作技法は「米ヶ森技法」と呼ばれ、この遺跡が標識遺跡となっている。また、縄文時代中期末（大木10式）の竪穴住居跡（たてあなじゅうきょ）が発見されているが、いずれも小型（径3m前後）で、炉が壁寄りにつくられ、その奥に自然石を立てる形態が特徴的である。

杉沢台遺跡
（すぎさわだい）

＊能代市：米代川右岸の東雲台地、標高約40mに位置
時代 縄文時代前期末　　　　　　　　　　　　　　　　　　　史

1980年より、能代開拓建設事業に伴って発掘調査が行われた。特徴的な遺構は、長軸31m、幅8.8mの巨大な竪穴住居跡が発見されたことで、大型住居跡3軒、一般的なサイズの竪穴住居跡40軒などが認められた。この日本最大級の特大住居跡は、14〜20本程度の柱穴列と壁の間が1段高くなった床面を形成する。また、地床炉が中央に列をなして6基検出されており、少なくとも3回の建替えが行われた可能性が指摘されている。こうした大型竪穴住居跡は石川県や富山県の項でも取り上げているが、積雪量の多い地域を中心として認められており、その背景に冬季の共同作業場とする説が指摘されている。

一丈木遺跡
（いちじょうぎ）

＊仙北郡美郷町：仙北平野の東端、標高約140mの台地の西端に位置　**時代** 縄文時代中期

1972年から発掘調査が行われ、遺跡の範囲は約5万m²に及ぶ。竪穴住居跡が21軒、袋状ピットなどが検出された。住居跡には周溝がめぐって

おり、中心には石囲炉をもっており、興味深い点は、住居跡のなかには同じ場所で2回建て替えられ、縮小されているものが見られる点である。当初の大きさは直径6.8mの円形であったが、1度目の建替えでは5.8m、そして2度目は4.4mと縮小していた。増築ではなく、縮小する事例は希少である。土器は縄文中期の大木8a・b式期のものが主体で、円筒上層式土器も見られる。ほかに土偶、器台、磨製石器、石鏃などが出土している。

大湯環状列石
（おおゆかんじょうれっせき）

*鹿角市：大湯川左岸の風張台地の中央部、標高17mに位置　**時代** 縄文時代後期前半　**史**

　1931年の耕地整理の折に発見され、1942年に神代文化研究所によって大規模な発掘調査が試みられた。戦後は1946年、甲野勇、後藤守一らによって調査が行われ、さらに1951年と52年に本格的な発掘調査がなされ、その成果は翌年報告書として刊行された。名前の通り、配石遺構が特徴的であり、130mの距離を置いて2つの地区に広がる。野中堂遺跡は最初の環状列石遺構が認められた地点だが、内外二重の同心円が施され、外帯の直径は40mで、外帯を構成する小単位の組石は32以上、内帯は11以上の組石で構成されている。万座遺跡は内外に同心円状の外帯の直径45〜46m、野中堂と同様、内外二重に同心円状の石が配され、外帯43単位、内帯4単位の組石が認められたほか、日時計状遺構も伴っていた。そして配石外帯の周囲には、方形あるいは六角形の竪穴式建物跡が巡っており、炉がないことから祭祀的な目的があったのではないかと解釈されている。

　ちなみに、配石は遺跡から約7km離れた大滝川の支流、安久谷川から運ばれた石英閃緑ヒン岩からなる。遺物は、土器（日常的な器種のほか、ベンガラなど赤色塗彩を施した土器も多数検出している）のほか、キノコ型土製品や刺突文で装飾された土版など、祭祀を想定させる遺物も多数検出されている。

　興味深い点としては、万座遺跡の小単位配石遺構の下を調査したところ小判形の土坑が認められたことがあげられる。この点については、野中堂遺跡から北東約300mの地点にある一本木後口遺跡では、1979年より行われた発掘調査において、43の配石の下から土坑が確認されている。そのうち2基から土器棺と推定される土器が発見されており、墓地説が有力になっている。また類似した環状列石は高屋館跡（鹿角市）や伊勢堂岱遺跡（北秋田市）など周辺でも発見されており、環状列石文化の広がりをうかがわせる。本遺跡は1956年、国特別史跡となっている。

漆下遺跡
うるしした

＊北秋田市：小又川左岸、標高 134 〜 142m の微高地に位置

時代 縄文時代後期

　2001 年より、森吉山ダム建設に伴い発掘調査が実施され、竪穴住居跡や配石遺構群、環状に配置された掘立柱建物群（ほったてばしらたてものぐん）などが認められた。特に配石遺構では、その直下に土坑が検出され、装飾具と思われる玉類も出土しており、墓の可能性が指摘されている。また、きわめて珍しい X 字形配石遺構も認められたほか、1 段低い平坦面へと下る「石積階段」や盛土といった土木遺構も検出されている。遺物は、土器、土製品、石器、石製品が見られたが、特にクマ形の土製品や石棒の存在や用途の判然としない環状土製品、鐸形（たくがた）土製品、異形石器（いけいせっき）、三脚石器（さんきゃくせっき）といったものも多数検出されており、興味深い。また、漆やアスファルトを貯蔵した土器も多数出土した。アスファルトは、県内では潟上市や能代市で産出するが、鳥野上（とりのうえ）岱（だい）遺跡（能代市）では、アスファルト精製に用いられたと考えられる土器が出土している。こうした場所から米代川などを経由し、「交易品」として搬入されたものと考えられる。

秋田城跡
あき た じょうあと

＊秋田市：秋田市中央部の高清水丘陵、標高約 40 〜 50m に位置

時代 奈良時代前半〜平安時代　　　　　　　　　　　　　　　　**史**

　その存在は、著名な菅江真澄（すがえ ますみ）の随筆に「出羽柵」として記されているほか、戦前には秋田中学の教諭大山宏（おおやまひろし）によって調査が進められ、1939 年には国指定史跡となった。本格的な発掘調査は、1958 年以降に行われ、59 〜 62 年には齋藤忠（さいとうただし）によって国主導の発掘調査が行われた。この時の調査では、内郭地区の柵列跡（さくれつあと）や掘立柱建物群、四天王寺跡（してんのうじあと）が検出された。その後、1972 年から改めて調査が実施され、外郭の築地塀や現・護国神社付近では政庁域（うるしがみもんじょ）の存在が確認されている。瓦や土器のほか、漆紙文書や「天平六年月」銘の木簡などの出土文字史料も認められ、また全国でも珍しい水洗便所遺構（2 × 3 間の掘立柱建物）（ほったのさくあと）が発見されている。

　県内には、ほかに払田柵跡（大仙市・美里町、横手盆地南東部の長森〈標高 52 m〉と真山〈標高 65 m〉と標高 35 m 前後の沖積低地に位置）もある。1906 年、耕地整理に際して柵列と考えられる埋木（うもれぎ）が発見され、1930 年には上田三平（うえだ さんぺい）が発掘、その後 1931 年に秋田県内で最初の国指定史跡になった。もともと「正史」に登場しない城柵であり、その役割などは議論がなされてきたが、1974 年より発掘調査を実施。内郭と思われる柵列や建物配置、建替えが 4 回行われていたことがわかった。創建年次は 8 世紀末で、10 世紀末から 11 世紀初めには廃絶したものと推定されている。

胡桃館遺跡
<ruby>胡<rt>くる</rt></ruby><ruby>桃<rt>み</rt></ruby><ruby>館<rt>だて</rt></ruby>遺跡 ＊北秋田市：米代川中流、阿仁川との合流点、標高30mの沖積地に位置 **時代** 平安時代後期

　1963年、町営野球場造成に際して木柱が発見され、1967年から発掘調査が行われた。A～Cの3地区に分けて行われ、特にB地区では、2m近いシラス層の下から、建物跡が3棟検出された。例えば1棟（B1）は、桁行3間（南北）、梁間2間（東西）の掘立柱（径17cm）と板壁（厚さ2cm）でつくられたものであった。床面は土間で、中央に炭の堆積した部分が認められたほか、東南隅には角材を馬蹄形に回らせ、墨と灰が充填された施設も認められた。また、高床の倉庫（B3、東西3.1m、南北1.9m）もあり、完存した束柱から床の高さは1.2mほどであったと推測される。C地区からも建物跡が検出されたほか、各地区で柱列や柵列も認められた。土器や須恵器のほか、「守」「寺」と書かれた墨書土器や木簡も出土しており、11～12世紀初頭の中心的な役割をもった建物と考えられる。蝦夷に対する米の支給を記した板「月料給出物名張（約22cm四方）」が出土していたことが、2005年3月に確認された。これらの家屋は建築部材が残っており、建築史学的にもきわめて貴重である。残存の理由としては、十和田火山の噴出物である「輝石石英安山岩質浮石」が洪水に際して米代川を流れ下り、建物を埋没させたものと推測されている。「シラス洪水」と呼ばれる火山泥流が具体的にいつ起きたかを示す記録はないが、米代川流域にはこうした「埋没住居」が古くから発見されており、菅江真澄（『埋没之家居』）や黒沢道方（『秋田千年瓦』）、平田篤胤（『皇国度制考』、岡田知康の実見録を転載）が記録を残している点は興味深い。なお、男鹿半島の小谷地遺跡（男鹿市）では5世紀代の埋没家屋も発掘されている。

国宝 / 重要文化財

康楽館

地域の特性

　東北地方の北西部に位置する。北側を白神山地、東側を奥羽山脈と出羽山地、南側を丁岳山地と鳥海山によって三方を囲まれている。山地から流出する米代川、雄物川、子吉川の流域に、それぞれ花輪・大館・鷹巣各盆地と能代平野、横手盆地と秋田平野、本荘平野が形成され、水稲を中心とする肥沃な耕作地帯が広がる。山間の多い県北部では、林業と鉱業が盛んだった。雄物川流域の県中央部と南部は早くから開発され、日本海に面した秋田平野は政治経済の中枢である。上流の横手盆地は古代から有数の稲作単作地帯として知られ、人口密度も高い。

　古くは蝦夷が暮らしていたが、7世紀中頃に大和王権が侵攻し、県の古代地名である齶田・淳代が『日本書紀』に記録された。侵攻の拠点である出羽柵が設置され、8世紀中頃には秋田城と呼ばれた。平安時代には横手盆地で豪族清原氏が台頭し、後に岩手県平泉に本拠を移して奥州藤原氏となった。戦国時代末期に小野寺氏、秋田氏、戸沢氏、本堂氏、六郷氏の大名がいたが、国替えされ、常陸（茨城県）から佐竹氏が移って、秋田藩が成立した。明治維新の廃藩置県で、秋田（久保田）藩、秋田新田（岩崎）藩、本荘藩、矢島藩、亀田藩が統合され秋田県となった。

国宝 / 重要文化財の特色

　美術工芸品の国宝は1件、重要文化財は13件である。縄文時代の考古資料は縄文人の暮らしを示している。唯一の国宝は、鏡面に千手観音像を線刻で描いた平安時代の鏡である。これは江戸時代に工事中に見つかり、土地の人たちが祠を建てて祀ったものである。北秋田市胡桃館遺跡で、平安時代の家屋が土石流に埋まった状態で発掘され、重要文化財となった。そのほかに、江戸時代に秋田藩で芽生えた蘭画（西洋風絵画）の作品などがある。建造物に国宝はなく、重要文化財が27件ある。中世から近世か

けての地域的な神社や農家が多い。明治時代に県北部の鉱山は官営となり、近代化を支えた建造物が重要文化財となっている。

●線刻千手観音等鏡像（せんこくせんじゅかんのんとうきょうぞう）

大仙市の水神社の所蔵。レプリカを大仙市中仙市民会館ドンパルで展示。平安時代後期の工芸品。八つの突起を持つ直径14cmの八稜鏡（はちりょうきょう）で、青銅に表面が錫鍍金（すずめっき）されている。鏡面に蹴彫り（けりぼり）で千手観音などを描き、裏側の鏡背に紐と、宝相華（ほうそうげ）、胡蝶（こちょう）を鋳出している。蹴彫りとは彫金技法の一つで、鏨（たがね）の刃先の一方を浮かせて蹴るようにして彫り、楔形（くさびがた）を点線状に連ねて線刻文様（せんこくもんよう）を表現する方法である。鏡面の千手観音像は中央に大きく描かれ、ふくよかな顔と体部で、頭上に多数の小仏頭を付け、左右に40本の腕を出す。火炎付の頭光背と幅広い大形の身光背を背にして、蓮華座の上に立つ。向かって右下脇に婆藪仙人（ばすうせんにん）、左下脇に功徳天（くどくてん）（吉祥天）が立つ。婆藪仙人は腰に蓑（みの）をまとうだけの半裸形で、杖を手にするやせ細った老爺、対する功徳天は豪華な衣装を身に着け、肉付きのよい若い女性として描かれている。そのほかに千手観音像の左右に4人ずつ、多聞天（たもんてん）や水天など天部の像が配置される。狭い範囲に複雑な図像が細密に彫られ、高度な技巧がうかがえる。なお鏡背には奉納者と思われる銘が線刻されている。

この鏡は1677年に、仙北郡野中村で玉川から窪堰川（くぼぜきがわ）までの用水路を開削工事中に発見され、住民たちが観世音御堂を建てて堰神（せきがみ）として祀っていた。明治維新の廃仏毀釈（はいぶつきしゃく）で水神社に改められ、鏡は神体として祀られている。

◎不忍池図（しのばずのいけず）

横手市の秋田県立近代美術館の所蔵。江戸時代中期の絵画。小田野直武（おだのなおたけ）（1749～80年）が18世紀後半に描いた秋田蘭画（たらんが）を代表する絵画である。秋田蘭画とは秋田藩主8代佐竹曙山（さたけしょざん）、角館城代佐竹義躬（さたけよしみ）、藩士の小野田直武、田代忠国（たしろただくに）などの武家によって展開された洋風画で、なかでも小野田が主導的役割を果たした。秋田藩は阿仁銅山（あにどうざん）の開発を進めるなか、1773年に平賀源内（ひらがげんない）を招聘し、源内が江戸に戻ると、小野田は藩命を受けて江戸に向かった。江戸に出た若き小野田は、1774年刊行の医書『解体新書』（かいたいしんしょ）の図を担当した。小野田は源内のもとで活動したとみられ、蘭学や西洋画法を学び、また源内の知人で、中国に由来する写実的に花鳥を描く南蘋派（なんぴんは）の宋紫石（そうしせき）からも影響を受けた。西洋と東洋の美術を結びつけた独特な画風が小野田によって生み出されたのである。けれども小野田や佐竹曙山の死後、秋田蘭画は途絶えてしまった。

不忍池図は縦98.5cm、横132.5cm の大きな画面に、東京上野の不忍池を後景にして、前景の岸辺にシャクヤクの花鉢とキンセンカなどの花鉢を描いている。手前の色鮮やかなさまざまな花や葉茎はきわめて写実的で、細部には米粒大の蟻まで描き込まれている。広々とした空の下、画面中央やや下に弁財天を祀る中島があり、水面や弁天堂は銅版画風の緻密な筆線で表現されている。ここにも参拝する人物が微細に描かれていた。色彩豊かな草花と、透き通るような空と水面が静かに調和している。

◎菅江真澄遊覧記

　秋田市の辻氏の所有。レプリカを秋田県立博物館菅江真澄資料センターで展示。江戸時代後期の歴史資料。秋田藩校明徳館に献納された自筆原本89冊が重要文化財になっている。菅江真澄（1754～1829年）は三河国渥美郡牟呂村（愛知県豊橋市）に生まれ、若い頃に三河で国学、尾張（愛知県）で本草学の素養を身につけた。1783年の30歳から旅に出て、長野の飯田、松本を経て日本海側へ、そして東北各地を巡って北海道にも渡った。18年間遊歴して48歳の時に秋田に入り、以後死ぬまで30年近くを秋田で暮らし、出羽の地誌編纂などに取り組んだ。菅江真澄は植物、鉱物、温泉、土器、石器、石碑、寺社、仏像、民具、集落、習俗、年中行事などさまざまな事象を丹念に彩色で写生し、由来や特性、歴史的位置づけ、地域による違いについても考察した。そして晩年に日記や写生帳などを藩校明徳館に献納したのである。これが菅江真澄遊覧記のもととなった。明治維新の廃藩置県後、旧藩主佐竹氏の東京移住とともに遊覧記もそのまま移動し、1944年に佐竹氏から秋田市の辻氏に譲渡された。

◎天徳寺

　秋田市にある。桃山時代から江戸時代後期の寺院。秋田藩主佐竹氏の菩提寺で曹洞宗に属し、本堂、書院、山門、総門、佐竹家霊屋が重要文化財になっている。佐竹氏は平安時代後期に常陸国久慈郡佐竹郷（茨城県常陸太田市）に土着した豪族で、戦国時代末期に北関東で最有力の大名となった。関ヶ原の戦いで西軍についたため、戦いの後に秋田へ移封された。天徳寺は、15世紀に佐竹義人が夫人を弔うために常陸で創建され、佐竹氏の転封に伴い秋田に移された。当初は楢山に建てられたが、1624年に焼失し、翌年現在地へ移された。1676年に再び火災にあい、総門、山門、霊屋が残った。総門は1624年の火災で残ったものを移築し、境内で最も古い建造物である。山門は2階建の楼門で礎盤、粽の柱、花頭窓など禅宗様を示し、大きな蟇股に彫刻が施されている。本

堂は1687年に建てられ、入母屋造の茅葺で規模が大きく、間取りは8室構成である。江戸時代前期に藩主が造営した大規模寺院の特徴を保っている。

◎康楽館　　　　　山間の小坂町にある。明治時代後期の文化施設。小坂鉱山を経営した合名会社藤田組が1910年に建てた芝居小屋である。江戸時代末期に小坂鉱山で銀鉱石が発見され、盛岡藩の経営で鉱山開発が始まった。近代になって小坂鉱山は政府の官営鉱山となったが、1884年に藤田伝三郎の率いる藤田組に払い下げられた。銀鉱石の枯渇が懸念されるなか、金・銀・銅・鉛・亜鉛などを含む黒鉱の精錬方法が開発されて、銀山ではなく銅山として小坂鉱山は復活し、1907年に鉱山生産額日本一の地位を獲得した。小坂の人口も、2,000人余りから1910年には18,000人余りへと急激にふくらみ、電気、上水道、鉄道、総合病院などインフラ整備が進んで、街並みが整えられた。山間の小村に突如出現した近代的市街に、鉱山従業員たちの厚生施設として康楽館が建てられたのである。小坂鉱山は1990年に閉山した。康楽館も1970年頃に一般興業が中止となった。しかし修復工事を終えて1986年から大衆演劇が常時上演され、また毎年恒例の歌舞伎公演が定着すると、多数の観客が康楽館を訪れるようになった。

　康楽館の正面外観は2階建の白い擬洋風建築で、中央1階の切符売り場が弧状に前へ張り出し、左右両側で寄棟造の翼廊が突き出る。内部は伝統的な芝居小屋で舞台、座敷、向う座敷、花道、仮花道がある。舞台は回り舞台となっていて、舞台下の奈落で人力によって回転させる。花道に役者がせり上がって登場する切穴の装置も、ロープを使って人力で動かす。洋風の外観の内部に、昔ながらの芝居小屋が一体となって建てられている。

◎旧阿仁鉱山外国人官舎　　北秋田市にある。明治時代前期の産業施設。明治政府が雇い入れたドイツ人鉱山技術者の官舎として1882年に建てられた。阿仁銅山は、江戸時代に別子銅山と並んで日本を代表する銅山で、主に秋田藩が直営した。1875年に明治政府の工部省の経営となった後、1885年に古河市兵衛に払い下げられた。1970年に閉山。外国人官舎はレンガ造の平屋で、切妻造の屋根である。半円形の上げ下げ窓と鎧戸が連続的に配置され、周囲を木製のベランダが囲むコロニアル様式である。

☞ そのほかの主な国宝／重要文化財一覧

	時 代	種 別	名 称	保管・所有
1	縄 文	考古資料	◎人面付環状注口土器／潟上市大久保字狐森出土	秋田県立博物館
2	縄 文	考古資料	◎磨製石斧／雄勝郡東成瀬村田子内字上掵出土	秋田県立博物館
3	平 安	考古資料	◎胡桃館遺跡出土品	北秋田市
4	鎌 倉	絵 画	◎絹本著色当麻曼荼羅図	浄蓮寺
5	鎌 倉	彫 刻	◎銅造阿弥陀如来坐像	全良寺
6	鎌 倉	工芸品	◎銅錫杖頭	神明社
7	江 戸	絵 画	◎絹本著色松に唐鳥図（佐竹曙山筆）	秋田県立近代美術館
8	江 戸	絵 画	◎絹本著色唐太宗花鳥図（小田野直武筆）	秋田県立近代美術館
9	室町中期	神 社	◎波宇志別神社神楽殿	波宇志別神社
10	室町後期	神 社	◎赤神神社五社堂（中央堂）内厨子	赤神神社
11	室町後期	神 社	◎古四王神社本殿	古四王神社
12	室町後期～江戸前期	神 社	◎三輪神社	三輪神社
13	江戸中期	神 社	◎赤神神社五社堂	赤神神社
14	江戸中期	神 社	◎佐竹家霊屋	天徳寺
15	江戸中期	神 社	◎神明社観音堂	神明社
16	江戸中期	民 家	◎旧黒澤家住宅（旧所在　秋田市中通三丁目）	秋田市
17	江戸中期	民 家	◎土田家住宅（由利本荘市矢島町）	―
18	江戸中期	民 家	◎鈴木家住宅（雄勝郡羽後町）	―
19	江戸後期	民 家	◎旧奈良家住宅（秋田市金足小泉）	秋田県
20	江戸末期	民 家	◎草彅家住宅（仙北市田沢湖生保内）	―
21	江戸時代末期～明治	民 家	◎三浦家住宅（秋田市金足黒川）	久光エージェンシー株式会社
22	明 治	商 業	◎旧秋田銀行本店本館	秋田市
23	明 治	産 業	◎旧小坂鉱山事務所	小坂町
24	明 治	土 木	◎藤倉水源地水道施設	秋田市水道局
25	明治～昭和	住 居	◎金家住宅	金靖志

城　郭

横手城模擬天守

地域の特色

　秋田県は出羽国北側と陸奥国の一部からなる。日本海側（山形県を含む出羽国）は古代蝦夷地（現代の北東北）経営の拠点として重視され、秋田城・出羽柵・雄勝城などが軍略・農耕の拠点として築かれた。とりわけ秋田城には令外官である秋田 城 介が設けられ、陸奥多賀城とともに重視された。

　源頼朝は奥州平定後、有力御家人である小野寺氏・二階堂氏・浅利氏などを配し、安定化に努めた。南北朝期になり、蝦夷地の津軽より安東氏が進出し、在地武士団と争乱となった。安東氏は檜山城、湊城を拠点に北部を押さえた。南部由利地方では由利十二頭と呼ばれる武士団が割拠、抗争を繰り返した。

　戦国時代になると、角館を本拠とする戸沢氏、横手城を本拠とする小野寺氏らが台頭する。さらに南部氏、最上氏が加わり、複雑な勢力図となる。各国人勢力は本城と支城群を築いて、領土を経営した。天正18（1590）年豊臣政権は出羽、陸奥地方の武士団に帰参を命じ、出羽地方は統一される。国衆では湊城に秋田氏、角館に戸沢氏、横手城に小野寺氏、本堂城に本堂氏、仙北に六郷氏、仁賀保に仁賀保氏、そして山形城の最上氏が由利を収めた。なかでも最上氏は24万石を領した。豊臣政権は、各帰参した勢力に「城割令」を発し、戦国期に出羽に百余あった城を久保田・山形・横手など八か城に減らしたのである。

　豊臣政権の後、徳川氏が出羽を配下にすると、出羽松山・久保田・亀田・仁賀保・本荘・矢島・角館・上山・天童・村山・山形・新庄・米沢・鶴岡などに城が置かれた。なかでも久保田城には慶長7（1602）年佐竹義宣が水戸から20万5800石で入城。久保田城のほか亀田、本荘に城が置かれ、明治に至った。久保田城は慶長8（1603）年から同9（1604）年にかけて築かれた平山城で、天守をもたない土塁造りであった。幕府に対する配慮から石垣を築かなかったともいわれる。

秋田城　別名 出羽柵　所在 秋田市寺内高清水公園　史跡 国指定史跡

秋田城の前身は出羽柵である。

大和朝廷は、征夷開拓、東北平定のため、大化3 (647) 年新潟に淳足柵を設置し、以後しだいに北進して和銅2 (709) 年には最上川河口に出羽柵をつくり、天平5 (733) 年に、それを現在の秋田市高清水公園内、護国神社あたりに移したという。

城址は昭和34 (1959) 年になって、大がかりな発掘が開始された。その結果によると、城は内郭と外郭からなり、内郭のみで900m四方に及ぶ規模で、官舎161、城櫓28などを数えることができる。こうして、横に、多賀城―雄勝城―秋田城と陸奥と出羽を結ぶ線が完成するとともに、由理柵（本荘市）を強化して、出羽鎮定の基礎が固まることになったと思われる。

だが、この地方の蝦夷はきわめて頑強であり、宝亀5 (774) 年、出羽国司が国府の移転の願いを出したり、さらに同11 (780) 年には、鎮守府将軍安部家麿らが城を放棄したい旨を伝えている。もちろん朝廷はこれを認めず、むしろ強化方針をとって出羽介（出羽国司に次ぐ官職）を秋田城に置くことに決め、ここに秋田城介の前身が誕生した。

その後、天長7 (830) 年の大地震によって城は倒壊、死者15名に達する被害を受け、さらに元慶2 (878) 年には半年に及ぶ蝦夷の大叛乱によって城は陥落、国守が逃亡するという騒動が起こった。このとき、蝦夷側は、秋田河（雄物川）以北を与えられれば戈を収めると申し出たが、朝廷では援軍を送ってこれを鎮圧した。

前九年の役後、秋田城介は遙任制になり、在城しなくなり、城はいつしか消滅する。現在、発掘調査により確認された奈良時代の水洗トイレ遺構、また門・塀などが修元されている。

角舘城　別名 古城山　所在 仙北市

頼朝の奥州征伐後、秋田南部には小野寺氏が入り、北部檜山城には安東氏がいたが、その中間の角舘あたりは戸沢氏に属していた。戸沢氏は元平家の落人で南部の滴石（雫石）城主、南北朝時代は南朝方に属し、多賀国

府奪還に成功した。のち南部氏に追われ、角舘に入った。城主は戸沢政安を祖とする。天正年間に九郎盛安が、安東氏や小野寺氏と戦い、三国和睦を結んだ。秀吉の小田原攻めには一番に駆けつけたがその地で病没。翌天正19（1591）年の太閤検地で、弟光盛に4万4000余石が与えられた。

　盛安の子政盛は、家康の上杉攻めに功労があり、関ヶ原の戦い後に最上家が改易となったのち、山形県の新庄城に移った。佐竹氏の秋田入国後、須田盛秀、次いで芦名盛重（義勝）が城主となり、さらに佐竹北家の佐竹河内義隣に替わった。

金沢柵 (かなざわの) 所在 横手市金沢公園

　金沢柵は、後三年の役（1083～87）最後の決戦地として有名である。源義家が雁行の乱れに伏兵を察知したことや、鎌倉権五郎景正の勇猛ぶりなど、様々なエピソードがあるように、興隆期の武士の面目を遺憾なく発揮した場所である。元来この城は、出羽第一の豪族、清原氏の居館であった。前九年の役の功労によって清原武則が鎮守府将軍となり、武貞を経て真衡の代になったとき、一族の吉彦秀武と争い、秀武に与した清衡、家衡らと源義家との戦いが後三年の役であるが、家衡らが拠った金沢柵が落ちると、清原氏も滅亡した。その後を平泉藤原氏となった清衡がうけついで、同じように強大な同族支配圏を確立することになる。城址には鎌倉景政の「功名塚」があり、古代の山城の様子を伝える。

久保田城 (くぼた) 別名 矢留城、葛根城　所在 秋田市千秋公園　遺構 堀、石垣、模擬三階櫓

　慶長5（1600）年、常陸国水戸城主佐竹義宣は、上杉景勝が会津で挙兵したとき、徳川家康に率いられた会津征討軍に対して、四方の軍勢を率いて家康の背後を突こうとした。しかし、西国で石田三成の挙兵があり、家康が西に向かって兵を返したので交戦するに至らなかった。

　家康は関ヶ原の戦い後、西軍諸将に対して領地没収や減封処分を行い、佐竹氏に対しても処分を考えていた。義宣は慶長6（1601）年4月、自ら上京し、家康に詫びを入れたが、5月下旬国替えを内示された。

　また、徳川秀忠が9月に江戸城に帰城するときに神奈川まで出迎え、江戸城で家康の凱旋を待ち臣礼を誓った。関ヶ原の勝利で反徳川勢力を倒し、最大の実力者になった家康は、江戸に近い常陸に有力な大名である佐竹氏

がいることを喜ばなかった。慶長7（1602）年、佐竹氏は秋田に転封となった。

同7年秋、佐竹義重は義宣に先だって新領地秋田に移り、義宣は京より秋田の湊城に下向した。

湊城入城後は城内が手狭なために、翌慶長8（1603）年秋田平野の中央、雄物川東方の台地、通称矢留の森に築城を始め、翌慶長9（1604）年8月、義宣は湊城より居城を移した。久保田城の特徴は、城は周囲に土塁を盛って築き、桝形門の一部のみに石垣を用いた点だ。佐竹氏は義宣以後、この地で幕末を迎えた。

横手城 （よこて）
別名 平城、衡城、朝倉城、阿桜城　**所在** 横手市
遺構 模擬天守閣

横手城は、小野寺忠道の子通有が正安2（1300）年に築いた。天正18（1590）年、小野寺義道が横手城主のとき太閤検地が実施され、20万石を領有していたがわずか3万石に削られる。

関ヶ原の戦いの結果、横手城には最上方の鮭延典膳が入る。慶長7（1602）年には佐竹氏の領地に変わり、久保田城の支城となった。城代には、伊達盛重や須田盛秀らが入ったが、寛文12（1672）年の戸村十太夫義連から後は、代々戸村氏が務める。

慶応4（1868）年8月11日、列藩同盟の仙台、庄内両藩が横手を攻撃し、落城した。現在、模擬天守がある。

脇本城 （わきもと）
別名 生鼻城、大平城　**所在** 男鹿市脇本　**遺構** 土塁、堀、井戸
史跡 国指定史跡

日本海を望む男鹿半島脇本にある標高100mの生鼻崎に城址がある。築城年代は不明だが、秋田地方を戦国期に支配した安東愛季（ちかすえ）が元亀元（1570）年、檜山安東氏と湊安東氏を併合、その本拠地として脇本城を改修し居城としたといわれる。愛季は天正15（1587）年、秋田南部の戸沢氏との合戦で歿し、子実季（さねすえ）が継ぎ、その2年後、湊城の安東高季（たかすえ）と家督争いが勃発。実季籠城ののち、湊城を攻略。しかし、一級史料に乏しいため詳らかでないが、この騒動が「湊合戦」といわれている。

実季は慶長7（1602）年に常陸国宍戸に移封され、城は秋田を領した佐竹義宣の持城となり、廃城に至ったという。

現在城址は、遺構が極めて良好に残り、発掘調査を行い平成16（2004）

年に国指定史跡となった。

大館城 {おおだて} 別名 桂城 所在 大館市中城 遺構 堀、土塁

　この地は秋田北部の要地で、興亡変遷は実にめまぐるしい。城主の交替を略記すると、天文年間（1532～55）浅利勝頼始築→天正13（1585）年檜山城の安東実季が攻め取る→同16（1588）年南部氏が攻略→同18（1590）年安東氏が奪い返す→文禄2（1593）年浅利瀬平居城→慶長3（1598）年また安東（実泰）氏が居城。城主が落ち着くのは、慶長7（1602）年、佐竹氏が領主となってからである。同13（1608）年、小場義成が「佐竹西家」を称して城代となり、城を改築、三の丸まで合わせて広さ1万9千坪あり、本丸は内堀で囲み、さらに二の丸に外堀を設けた。別名の桂城の由来は、東の一の関に大木があったからだという。

　ちなみに秋田県には、このほか、角館町と稲川町に大館城がある。

本荘城 {ほんじょう} 別名 鶴舞城、尾崎城、新赤尾津城 所在 由利本荘市尾崎山本荘公園 遺構 堀、土塁、復元城門・塀など

　関ヶ原の戦い後の慶長8（1603）年、最上義光から由利4万5千石を与えられた楯岡豊前守満茂は、同15（1610）年から尾崎山に築城を始め、弟の楯岡茂広は、延べ12万人の人夫を使って町づくりと開田に励んだ。楯岡氏の通称が本城であったため、後に「本城」ないし「本荘」と改称した。

　元和8（1622）年最上氏は改易、楯岡満茂は酒井氏に仕えて前橋に転じた。後に宇都宮釣天井事件の本多正純が入ったが、1年で横手に移される。

　次いで六郷氏が2万石で入ると、規模縮小。戊辰戦争の慶応4（1868）年8月6日、官軍側の本庄は庄内藩酒井勢に乱入されるが、結局は官軍が勝ち、城主六郷氏11代政鑑は1万石を加増される。城は明治2（1869）年破却された。

湊城 {みなと} 別名 土崎城 所在 秋田市港中央

　応永2（1395）年、安東盛季の弟鹿季が秋田湊に拠点を築いた。以後166年間、土崎は安東氏の湊城下町として繁栄。天正7（1579）年、愛季が分裂していた安東氏を統一。その子実季は檜山城に5か月間籠城し「湊騒動」を乗り切り、秋田地方を平定。安東氏は湊城で有力在地領主に対する豊臣大名としての地位を固め、湊城を改修して城下を形成した。関ヶ原の戦い後

に秋田地方は常陸の佐竹義宣の減封地となり、実季は徳川大名として常陸
宍戸城に5万石で転封となった。義宣は湊城に入城したが、のち久保田城
を築城し本拠とした。

戦国大名

秋田県の戦国史

　室町時代の秋田県北部は、檜山城（能代市）を本拠として檜山郡を支配した檜山安東氏と、湊城（秋田市）を本拠として秋田郡を支配した湊安東氏が勢力を分け合っていた。この2氏は同族で、もとは津軽の豪族であったとみられる。

　一方県南部では、鎌倉時代には由利氏が由利郡を領していたが、和田合戦に連座して没落。室町時代には、由利十二頭といわれる諸豪族が分立していた。十二頭の多くは信濃小笠原氏の庶流を称しており、この地域と信濃との何らかの結びつきがあったとみられる。このなかでは仁賀保氏と矢島氏が有力で、両者はしばしば争った。また、この地域は山形県の庄内地方との結びつきが強く、由利郡内の争いには庄内の大宝寺氏も介入している。この他、雄勝郡では横手城の小野寺氏も勢力を持ち、角館には戸沢氏もいた。

　天正18年（1590）の豊臣秀吉の奥羽仕置の結果、安東氏に敗れて津軽に逃れていた浅利頼平が比内に復帰した。浅利氏は鎌倉初期に地頭として下向した甲斐源氏の流れを汲む一族で、以来在地領主として代々同地を支配していたが、勝頼が和睦の席上で安東愛季に謀殺され、子頼平は津軽に逃れていた。

　しかし、頼平と両安東氏を統合した安東実季との紛争は収まらず、上洛していた頼平が急死するまで続いた。頼平の死で浅利氏は事実上滅亡、以後安東氏が比内も含めて支配、秋田氏と改称した。

　由利地方では十二頭の多くが秀吉によって所領を安堵され、そのうち有力な仁賀保氏、赤尾津氏（小介川氏）、滝沢氏、打越氏、岩屋氏の5氏が由利五人衆と呼ばれた。関ヶ原合戦後、仁賀保氏は仁賀保藩を立藩（のち分割して旗本となる）、打越氏も旗本となっている。

赤尾津氏 出羽国由利郡赤尾津（由利本荘市）の国衆。由利十二頭の一つで、赤宇曽氏ともいう。清和源氏小笠原氏の一族で大井氏の庶流といい、南北朝時代に由利郡に入部したと伝える。室町時代は小介川氏を称し、宝徳2年（1450）に幕府から未進年貢等催促の遵行を促されている。戦国時代に最上氏に従い、関ヶ原合戦では東軍の最上義光に属したが、無断で帰国したため所領を没収された。子孫は、秋田藩や矢島藩に仕え、矢島藩では小助川氏と改称した。

浅利氏 出羽国比内郡の戦国大名。甲斐浅利氏の一族で、鎌倉初期に比内郡の地頭となって下向したという。以後、在地領主として発展した。戦国時代には出羽を代表する国人領主の一つとなり、独鈷城（大館市）に拠っていた。永禄年間に則祐が檜山安東氏に敗れて自害したことから、以後しばらく安東氏の支配下にあったが、天正7年（1579）に再び安東氏と抗争。そして、同11年和睦の席で勝頼が安東愛季に謀殺されて没落した。その際、子頼平（久義）は津軽に逃れ、豊臣秀吉の奥州仕置の際に比内地区の大名として復帰した。しかし安東氏との抗争は続き、慶長3年（1598）に上洛していた頼平が急死したことで事実上滅亡した。

安東氏 陸奥・出羽の豪族。安倍貞任の子高星の子孫と伝えるが、おそらく蝦夷の出であろう。本来は津軽の豪族であった。鎌倉時代に幕府の被官となったとみられ、蝦夷管領に任命され、実質的に奥羽を支配した。鎌倉末期、支配下の蝦夷が叛乱、これに安東氏の内訌が結びついて内乱状態となり幕府の追討を受けたが、和談で解決している（安東氏の乱）。

南北朝時代頃、貞季の子盛季が下国家、その弟の鹿季が上国家を興したとされる。下国安東家は陸奥国津軽郡十三湊（青森県五所川原市）の福島城に拠っていたが、嘉吉3年（1443）南部義政によって蝦夷松前に追われた。政季のときに出羽に戻って出羽国秋田郡に移って米代川流域を支配、檜山安東氏と称した。陸奥国津軽郡藤崎（青森県南津軽郡藤崎町）に住んだ上国家は室町時代になって出羽に移り、湊城（秋田市）に拠って湊安東氏を

称し、秋田郡を支配した。友季の子堯季には男子がなく、檜山安東氏の舜季を女婿として迎えた。その子愛季のときに両家を統合、男鹿脇本城（男鹿市脇本）に本拠を移し戦国大名となる。天正18年（1590）実季が豊臣秀吉に従い、慶長3年（1598）土崎湊城（秋田市）を築城、秋田氏と改称した。

一部氏 出羽国秋田郡の国衆。桓武平氏長尾氏の末裔と伝える。太平城主太平氏の一族が一部氏を称し、のちに太平城（秋田市）城主となった。戦国時代の安東（秋田）愛季の家臣に太平領主として一部式部の名がみえる。天正17年（1589）の湊合戦で敗れて滅亡した。末裔は秋田家老梅津氏の家臣となった。

岩屋氏 出羽国由利郡の国衆。名字の地は同国岩屋（由利本荘市）で、由利十二頭の一つ。小笠原氏の一族という。天正18年（1590）、能登守朝茂は豊臣秀吉に仕えて由利五人衆に指名された。慶長7年（1602）最上義光の家臣となった。

打越氏 出羽国由利郡越郷（由利本荘市）の国衆。内越とも書き、「うてつ」「うてえつ」とも読む。清和源氏小笠原氏の庶流という。戦国時代には平岡城（内越城）に拠って芋川下流域を支配した。天正年間（1573〜92）打越光重は独立した大名として活動、同18年には豊臣秀吉から由利五人衆に指名されている。子光隆は関ヶ原合戦の際に徳川家康に仕え、旗本となった。

大井氏 出羽国由利郡の国衆。室町時代に信濃国より来国し、小笠原氏の末裔であるという。由利郡の矢島地方を支配したことから、矢島氏ともいわれる。動向がはっきりするのは戦国時代後期以降で、仁賀保氏と激しく争い、天正年間に仁賀保氏に敗れて矢島の地を追われた。

小野寺氏 出羽国仙北地方の戦国大名。下野小野寺氏の一族。下野小野寺氏は奥州合戦で功をあげて出羽国雄勝郡の地頭職を与えられ、鎌倉時代後期に一族の経道が出羽国雄勝郡稲庭（湯沢市）に入部したとされる。室町時代になると、応永34年（1427）に上洛して将軍家に馬数匹を献上する

など、将軍家と接近している。戦国時代には仙北地方一帯を支配、天文年間には本拠を横手城に移した。景道は横手を城下町として整備し、小野寺氏も出羽を代表する戦国大名に発展した。豊臣秀吉の奥州仕置でも安堵されたが、雄勝郡に設定された太閤蔵入地の管理をめぐって最上氏と対立。そのため、関ヶ原合戦では東軍に属した最上氏に対抗するため出兵せず、改易となった。

潟保氏（かたのほ）　出羽国由利郡の国衆。名字の地は同郡潟ノ保（由利本荘市西目町潟保）で、由利十二頭の一つ。天正18年（1590）豊臣秀吉の小田原攻めに参陣して本領を安堵され、翌年の九戸政実討伐にも参加。関ヶ原合戦では最上義光に属し、そのまま最上氏の家臣となった。最上家の改易後は酒井氏に仕えて鶴岡藩士となった。「かたのお」ともいう。

沓沢氏（くつざわ）　出羽国由利郡の国衆。近江国沓沢荘（滋賀県）の出という沓沢忠久が、最上氏を頼って出羽国に移り、差首鍋城（山形県最上郡真室川町）城主となったのが祖という。天正18年（1590）豊臣秀吉に従う。関ヶ原合戦では沓沢三郎が最上義光に従って東軍に属している。最上氏の改易後は雄勝郡で帰農したといわれる。

小早川氏（こばやかわ）　出羽国由利郡の国衆。永仁7年（1299）相模小早川定平が幕府から由利郡小友村（由利本荘市小友）を与えられたのが祖。建武政権でも出羽守葉室光顕から安堵されている。さらに、延元4年（1339）には室町幕府から小友村を安堵されるなど、一貫して同地を支配したが、室町時代には由利氏との争いに敗れて、同地の支配権を失っている。

子吉氏（こよし）　出羽国由利郡の国衆。名字の地は同郡子吉郷（由利本荘市）。由利十二頭の一つ。天正18年（1590）子吉兵衛は豊臣秀吉の小田原攻めに参陣して本領を安堵された。文禄の役では肥前国名護屋に在陣している。関ヶ原合戦では東軍の最上義光に属し、戦後は最上氏の家臣となった。

下村氏（しもむら）　出羽国由利郡の国衆。由利一二頭の一つ。小笠原氏の一族で信濃国から入部したという。天正18年（1590）下村彦二郎は豊臣秀吉の小田

原攻めに参陣し、本領を安堵されている。関ヶ原合戦では最上義光に属して東軍につき、戦後は最上氏の家臣となった。

芹田氏（せりた）　出羽国由利郡芹田（にかほ市）の国衆。天正18年（1590）の豊臣秀吉の小田原攻めの際、芹田与兵衛は前田利家に属して戦い、本領を安堵された。関ヶ原合戦では最上氏に従って東軍に属し、江戸時代は最上氏の家臣となった。

滝沢氏（たきざわ）　出羽国由利郡の国衆。滝沢城（由利本荘市）に拠った。出羽の豪族由利氏の末裔と伝える。由利十二頭の一つ。天正3年（1575）政家は矢島大井氏に敗れて落城し、自刃。子政道は山形に逃れて最上氏に仕えた。同18年の豊臣秀吉の小田原攻めで本領を安堵され、関ヶ原合戦では最上氏のもとで東軍に従軍。元和8年（1622）政範のときに最上氏が改易され、のち六郷氏に仕えた。

玉米氏（とうまい）　出羽国由利郡の国衆。名字の地は同郡玉米（由利本荘市東由利）で、由利十二頭の一つ。「玉前」とも書く。小笠原氏の一族で室町時代頃に入部し、米本館に拠ったとみられる。天正18年（1590）の豊臣秀吉の小田原攻めには玉米式部少輔が参陣して本領を安堵された。関ヶ原合戦では最上義光のもとで東軍に属した。

戸沢氏（とざわ）　出羽国仙北地方の戦国大名。桓武平氏で、大和国尾輪に生まれた平衡盛が源義仲に従ったのち、陸奥国岩手郡戸沢（岩手県岩手郡雫石町戸沢）に住んで戸沢氏を称したのが祖と伝えるが、鎌倉時代以前の戸沢氏については、戸沢の土豪であったこと以外はよくわからない。また、戸沢氏が名字の地である戸沢から、南部氏に圧されて出羽に移住した時期もはっきりとしない。戸沢氏の動向が史料上で確認できるのは戦国時代の盛安からで、小野寺氏に与する一方、家臣前田薩摩守を織田信長のもとに送って鷹を献上するなど、中央の動向にも目を配っていた。天正18年（1590）豊臣秀吉の小田原攻めが始まると、盛安はいち早く参陣したものの陣中で病没。弟の光盛が跡を継いで角館4万4000石余を安堵され、独立した大名として認知された。江戸時代は出羽新庄藩主となる。

根井氏 出羽国由利郡の国衆。信濃根井氏の末裔という。茂次のとき出羽国に転じて由利郡矢島（由利本荘市矢島町）に住み、矢島氏に従って由利党に属した。天正18年（1590）豊臣秀吉の小田原攻めに参陣して本領安堵。関ヶ原合戦では最上氏に属して東軍に属し、戦後はその家臣となった。

本堂氏 出羽国仙北郡の国衆。出自は清和源氏とも和賀氏ともいう。仙北地域への入部時期は不明だが、代々伊勢守と称して元本堂城（仙北郡美郷町）に拠った。天文年間に本堂城に移り、天正18年（1590）忠親が豊臣秀吉の小田原攻めに参加、本領の一部を削られたものの、本堂で8983石を安堵された。

前田氏 出羽国仙北郡大曲（大仙市）の国衆。小野寺氏の庶流か。大曲城（大仙市）に拠って戸沢氏に属した。『信長公記』によると、天正7年（1579）前田薩摩は織田信長に鷹を献上している。同10年赤尾津氏・羽川氏に敗れて落城した。

八柏氏 出羽国平鹿郡の国衆。もとは落合氏で、鎌倉時代に小野寺氏が出羽に下向した際に従ったという。八柏館（横手市大雄）に拠って八柏氏を称し、小野寺氏の重臣だった。戦国時代、八柏大和守は小野寺義道の重臣として活躍したが、文禄3年（1594）最上義光の謀略で、小野寺義道によって殺され、没落した。

六郷氏 出羽国山本郡六郷（仙北郡美郷町六郷）の国衆。藤原南家二階堂氏の一族で、天正年間頃に道行が六郷氏を称したというが、道行以前の系譜ははっきりしない。道行の子政乗は小野寺義道と争い、天正19年（1591）豊臣秀吉に従って出羽六郷を安堵された。関ヶ原合戦では東軍に属して上杉攻めに功をあげ、常陸府中藩を立藩した。

名門 / 名家

戸沢氏
とざわ

　出羽国仙北地方の戦国大名。桓武平氏で、大和国尾輪に生まれた平衡盛が源義仲に従った後、1184（元暦元）年不和となって奥州に降り、陸奥国岩手郡戸沢（岩手県岩手郡雫石町戸沢）に住んで戸沢氏を称したのが祖と伝える。

　子兼盛は1206（建永元）年出羽国山本郡鳳仙台（仙北市）に移り、さらに18（建保6）年小館（仙北市西木町）、20（承久2）年門屋に転じ、28（安貞2）年門屋城を築城したというが、鎌倉時代以前の戸沢氏については、戸沢の土豪であったこと以外はよく分からない。また、戸沢氏が名字の地である戸沢から、南部氏に圧されて出羽国門屋に移住した時期もはっきりとしない。

　その後、応永年間に家盛が出羽国角館（仙北市角館町）に移ったとされるが、戦国時代の天文年間ともいわれ、はっきりしない。

　戸沢氏の動向が史料上で確認できるのは戦国時代の盛安からで、小野寺氏に与する一方、家臣前田薩摩守を織田信長の下に送って鷹を献上するなど、中央の動向にも目を配っていた。

　1590（天正18）年豊臣秀吉の小田原攻めが始まると、盛安は逸早く参陣したものの陣中で病没。弟の光盛が跡を継いで、角館4万4000石余りを安堵され、独立した大名として認知された。

　関ヶ原合戦では東軍に属し、1602（慶長7）年常陸松岡藩（茨城県高萩市）4万石を立藩。のち出羽新庄6万8200石に移る。

◎近世以降の名家

青柳家
あおやぎ

　仙北郡角館（仙北市角館町）の旧家。桓武平氏で常陸国の出といい、常陸青柳氏の一族か。祖青柳和泉は佐竹家から会津芦名家の養子となった盛重に従って会津に移っている。その後、芦名氏の滅亡の際に盛重と共に佐竹家に戻り、出羽移封後は角館領主となって芦名氏の家臣となった。

　芦名家断絶後も佐竹北家に仕え、江戸中期以降は代々南部境目山役をつとめた。維新後、11代正信は金融業で成功、12代友吉は角館町長もつとめた。1989（平成元）年からは角館武家屋敷の一つとして青柳家が公開されている。

麻木家
あさぎ

　土崎湊町（秋田市）の豪商。初代松之助は1813（文化10）年に加賀屋七兵衛から別家して呉服太物商を始めた。やがて酒造業・質屋・金貸業にも手を広げて短期間に豪商となった。30（文政13）年には名字、41（天保12）年には帯刀を秋田藩から許され、町処御用聞でもあった。以後3代松四郎まで藩の御用をつとめている。

池田家
いけだ

　仙北郡高梨（大仙市）の豪農。山形県の本間家など並ぶ東北屈指の豪農で、明治時代には田圃だけで1200ヘクタールも所有していた。家紋をかたどった同家の六角形の敷地は、正門が薬医門で、周囲には800メートルに及ぶ石垣の濠がある。母屋は1952（昭和27）年に焼失したが、残された庭園は池田氏庭園として2006（平成18）年国の名勝に指定された。

生駒家
いこま

　矢島藩主。大和国平群郡生駒荘（奈良県生駒市）発祥で藤原姓という。戦国時代、親正は豊臣秀吉に属し、1587（天正15）年讃岐一国17万石を与えられ、関ヶ原合戦では一族の多くが西軍に属したが、親正の長男一正は東軍に付いて戦後も引き続き高松藩主となった。4代藩主高俊の時に家臣の勢力争いから生駒騒動が勃発、1640（寛永17）年高俊はいったん改易され、改めて出羽矢島（由利本荘市矢島）で1万石を与えられた。

　59（万治2）年高俊の遺領は長男高清に8000石、二男俊明に2000石を分

知されて共に旗本となり、高清は交代寄合となって八森（はちもり）に陣屋を置いた。幕末、親敬は新政府軍に与し、1868（明治元）年1万5000石に加増されて諸侯に復帰した。維新後は男爵となる。

伊藤家（いとう）

陸奥国鹿角郡毛馬内（鹿角市十和田毛馬内）の旧家。伊藤為憲は鹿角から初めて江戸に出て儒学者となり、鹿角の伝承などをまとめた『鹿角縁起（かづのえんぎ）』を著した。甥の泉沢履斎は伊勢亀山藩の藩儒をつとめ、その子修斎、孫の貞享は鹿角で教育家として活躍した。1751（宝暦元）年建造という同家住宅は鹿角最古の武家屋敷として保存されている。

今宮家（いまみや）

秋田藩重臣。藩主佐竹家の一門。常陸国久慈郡今宮（茨城県常陸太田市）に住んで今宮氏を称したのが祖。3代道義は佐竹氏の出羽移封に伴って1604（慶長9）年出羽国仙北郡角館（仙北市角館町）に住み、常陸以来の家臣菅沢衆を支配して摂津守家といわれた。しかし、80（延宝8）年菅沢衆の支配権をめぐって角館領主佐竹北家と争って敗れ、久保田城下に転じて以後は藩の重臣となった。7代義透は家老となって藩政を改革、8代義栄も家老をつとめた。

岩城家（いわき）

亀田藩主。陸奥国磐城郡（福島県いわき市）の戦国大名岩城氏の子孫。桓武平氏。隆行が奥州藤原氏の清衡の女婿となり、その子隆平が岩城郡を領して岩城氏を称した。1590（天正18）年常隆は小田原攻めに参加して所領を安堵されたが、その帰途に24歳で死去。子政隆は生後間もないため、豊臣秀吉の意向で佐竹義重の三男貞隆が磐城12万石を相続した。

関ヶ原合戦では、貞隆は実兄佐竹義宣と共に参陣せず所領を没収。本多正信に属して大坂の陣で功をあげ、1616（元和2）年信濃川中島藩1万石で再興した。23（同9）年出羽亀田（由利本荘市岩城）2万石に転じた。1884（明治17）年隆治の時に子爵となる。

梅津家（うめづ）

秋田藩家老。祖梅津道金は初め伊達氏に従っていたが、後に佐竹氏に仕えた。道金の二男憲忠は家老となり、3000石を知行した。憲忠の跡は弟の忠国が継ぎ代々家老となった。その子利忠は歌人・兵学者として知られる。

憲忠の四男忠定は一家を興して大館城代となり、忠国の四男敬忠は軍学者として一家を創立、子金忠以降家老をつとめた。

道金の四男政景の末裔も家老となっている。

小田野家
おだの

秋田藩重臣。常陸佐竹氏の庶流。山入師義の三男自義が常陸国那珂郡に小田野城（茨城県常陸大宮市）を築城して拠り、小田野氏を称したのが祖。代々佐竹氏に仕え、戦国時代、義正は佐竹義昭の側近筆頭であったとみられる。その後は弟の義房が継ぎ、佐竹義重の重臣をつとめた。1602（慶長7）年義忠の時佐竹氏の転封に従って出羽秋田に転じ、江戸時代は秋田藩重臣となった。8代藩主佐竹義敦に仕えた小田野直武は秋田蘭画の祖としても有名。

河原田家
かわらだ

仙北郡角館（仙北市）の旧家。芦名氏重臣だった縫殿之介次信は、佐竹氏の出羽転封に伴って出羽角館に転じた芦名義勝に従って角館に移り、寺社奉行をつとめた。次信の子の代に嫡流の新右衛門家と分家の平右衛門家に分かれ、いずれも芦名家断絶後は佐竹北家の家臣となった。

平右衛門家の次功は幕末の漢学者で、その子次亮は秋田県議、孫の次重は河原田水力電気を創業して水力発電を行った他、角館町長もつとめた。同家住宅は仙北市指定文化財として公開されている。

工藤家
くどう

陸奥国鹿角郡小坂（小坂町）の大地主。江戸時代は小坂村の豪農で、藩境の管理に当たる御境古人をつとめる傍ら、南部藩で御給人と呼ばれた士分でもあった。明治時代には地主となって成長、茂太郎は小坂町長もつとめた。半農半武の同家住宅（中小路の館）は小坂町有形文化財として公開されている。

佐竹家
さたけ

秋田藩主。関ヶ原合戦の際、義宣は石田三成と親交があったため西軍に与し、徳川家康の会津攻めを背後から討とうとしたが果たせず、戦後出羽久保田（秋田市）20万5000石に減転となった。義宣には世子がなかったことから、義宣の弟で岩城家を継いでいた貞隆の長男義隆が継ぎ、秋田藩の藩政の基礎を固めた。

8代義敦は曙山と号した画家としても著名で、その子9代目義和は江戸

中期に藩政改革を行った名君として有名。戊辰戦争では奥羽列藩同盟には加わらずに官軍に属し、1884（明治17）年義堯の時に侯爵となった。

　一族に秋田新田藩を立藩した壱岐守家の他、湯沢佐竹（南家）、角館佐竹（北家）、大館佐竹（西家）、東家があり、壱岐守家は子爵、他の4家は男爵となった。

佐竹家 ^{さたけ}

佐竹壱岐守家。秋田藩2代藩主佐竹義隆の四男義長が祖。代々壱岐守となったため、壱岐守家といわれた。義長は1701（元禄14）年に2万石を分知され、秋田新田藩を立藩した。1870（明治3）年義諶のとき岩崎藩と改称。84（同17）年義理の時子爵となる。

　また、義諶の長男義脩は89（明治22）年に分家し男爵を授けられた。

佐竹家

秋田藩家老・大館領主。室町時代に佐竹義篤の子義躬が常陸国那珂郡小場（茨城県常陸大宮市小場）を領して小場城を築城、小場氏を称したのが祖。その後、佐竹氏と共に出羽に転じて大館城代となり、江戸時代は佐竹西家を称して秋田藩家老となった。幕末、義遵は藩主の代理として戊辰戦争に出兵し、1900（明治33）年に男爵となっている。

地主家

平鹿郡角間川村（大仙市）の豪農。元は伊勢北畠氏の家臣だったが、北畠氏が織田信長に敗れたために多気郡相可（三重県多気郡多気町）に土着して商人となったのが祖と伝える。江戸中期に出羽横手に進出、やがて相可は手代に任せて出羽を本拠とし、さらに角間川に移り住んで次第に豪農となった。

渋江家

秋田藩家老。野与党渋江氏の一族。下野小山氏の家臣だったが、戦国時代氏光の時に佐竹氏に仕えた。荒川景光の長子政光が渋江家を継いで佐竹義宣の重臣となり、大坂冬の陣で藩主を庇って流れ矢で死去したことから、子孫は秋田藩家老となった。維新の際には、厚光が勤皇派として活躍した。

須田家

秋田藩家老。宇多源氏で佐々木四郎高綱の末裔というが詳細は不詳。戦国時代に奥州二階堂氏の重臣だった盛秀が祖。盛秀は須田城主で、

二階堂氏の滅亡後、佐竹義宣に仕えた。佐竹氏の秋田移封に伴って出羽横手に転じ、子盛久は1633（寛永10）年に家老となって久保田城下に移った。以後も、盛勝、盛命、盛貞が家老をつとめた。家禄は2100石。

中谷家
<ruby>中谷<rt>なかや</rt></ruby>家　久保田城下（秋田市）の豪商。「中屋」「仲谷」とも書かれる。甲斐国の出といい、豊織期頃に出羽能代湊に移り住んで甲斐屋と号したのが祖。6代目多兵衛順智の四男久太郎が1740（元文5）年に一家を興して質屋を始め、初代中屋久左衛門守重となった。1827（文政10）年4代目英林の時名字帯刀を許されている。

藤井家
<ruby>藤井<rt>ふじい</rt></ruby>家　秋田藩医・龍角散創業家。江戸の上屋敷に住んでいた玄淵・玄信父子が、漢方薬に蘭学の知識を取り入れた薬を製造、将軍にも献上した。3代目正亭治は喘息だった藩主義堯の側医となってその改良に取り組み、龍角散と名付けたという。明治維新後、龍角散は藤井家に下賜され、正亭治は東京・神田で藤井薬種店を創業した。1928（昭和3）年4代目得三郎の時に株式会社に改組、戦後の64（同39）年に社名を龍角散と改称した。

真崎家
<ruby>真崎<rt>まさき</rt></ruby>家　秋田藩家老。佐竹氏の庶流。佐竹義重の庶子岡田義澄の長男義連が弘安年間（1278〜1287）常陸国那珂郡真崎（茨城県那珂郡東海村）に真崎城を築城したのが祖。代々真崎城に拠って佐竹氏に属した。江戸時代は秋田藩重臣となった。家格は廻座で、家老となった者も多く、幕末の睦貴は戊辰戦争では藩を代表して官軍に参加した。家禄1300石。

六郷家
<ruby>六郷<rt>ろくごう</rt></ruby>家　出羽本荘藩主。藤原南家二階堂氏の一族で、天正年間頃に道行が出羽国山本郡六郷（美郷町六郷）に住んで六郷氏を称したというが、道行以前の系譜ははっきりしない。

　道行の子政乗は小野寺義道と争い、1591（天正19）年豊臣秀吉に従って出羽六郷で4518石を安堵された。関ヶ原合戦では東軍に属して上杉攻めに功をあげ、1601（慶長6）年常陸府中藩1万石を立藩。23（元和9）年出羽本荘2万石に転封となる。戊辰戦争では秋田藩と共に新政府軍に属している。1884（明治17）年政鑑の時に子爵となる。

博物館

なまはげ館
〈なまはげ勢揃いコーナー〉

地域の特色

　総面積は約1万1,637平方キロメートルで全国第6位。西は日本海、東には奥羽山脈があり岩手県と接している。北は十和田湖と白神山地を境に青森県と接し、南は鳥海山と栗駒山を結ぶ山地を境に山形県・宮城県と接する。鉱産資源が多く、古くから鉱山開発が進められてきた。日本海沿岸部は油田地帯として知られている。

　奥羽山脈と出羽山地から米代川、雄物川、子吉川が流れ、能代、秋田、本荘付近に沖積平野を形成している。日本海に突き出すように男鹿半島があり、半島の付け根には日本第二の面積をもつ湖「八郎潟」があったが、干拓された。

　総人口は約94万人（2021（令和3）年8月現在）。地域圏は大きく、大館市、能代市などの県北部、秋田市、由利本荘市などの中央部、大仙市、横手市などの県南部に分かれる。

　冬の行事では男鹿半島の「なまはげ」、横手の「かまくら」、夏の行事には「秋田竿燈まつり」や「花輪ばやし」などが有名である。国指定の重要無形民俗文化財は全国最多である。なお、大湯環状列石（鹿角市）、伊勢堂岱遺跡（北秋田市）は世界文化遺産「北海道・北東北の縄文遺跡群」を構成する遺跡であり、原生的なブナ林が広がる白神山地は世界自然遺産に、「男鹿のナマハゲ」はユネスコ無形文化遺産「来訪神仮面の神々」の一つとして登録されている。こうした地域性を反映した個性的な博物館があり、ネットワークとして秋田県博物館等連絡協議会（事務局：秋田県立博物館内）がある。

主な博物館

秋田県立博物館　秋田市金足鳰崎

　郷土学（秋田学）の体系化を掲げ、人文、自然の両面から探求している

総合博物館。人文展示室は、「人とくらし」を総合テーマに各時代ごとにテーマを設定した展示。自然展示室は生物系の「いのちの詩」と、地学系の「大地の記憶」の二つのゾーンで構成している。特徴的な展示室に「菅江真澄資料センター」がある。菅江真澄は江戸時代の旅行家、博物学者で、秋田に四半世紀余りも滞在し調査・記録した人。菅江真澄の人形や、文書を中心に「真澄の旅」を紹介する展示などで構成されている。「秋田の先覚記念室」では近・現代に活躍した秋田ゆかりの人物を紹介している。「わくわくたんけん室」では、壁いっぱいの「宝箱」を取り出して楽しんだり、「工房」でたたみ染めや化石レプリカづくりなどを体験することができる。

博物館の周囲は女潟・男潟の二つの沼がある県立公園で、男潟近くには分館として国の重要文化財である旧奈良家住宅が公開されている。

秋田大学鉱業博物館　秋田市手形

地球科学の専門博物館。正式名称は秋田大学大学院国際資源学研究科附属鉱業博物館。秋田大学のルーツの一つは鉱山技術者を養成する1910（明治43）年に設立された秋田鉱山専門学校であり、同校の列品室から発展したのがこの博物館。

1階は「鉱物と鉱石」の展示室。鉱山専門学校設立以来のスタッフや学生、OBが収集したり、国内の鉱山から寄贈された膨大なコレクションにさらに収集を重ね、国内外の標本約400種1,500点以上の鉱物標本が展示されている。2階は、「地球の構成と歴史」の展示室。「太陽系の中の地球」「岩石」「地球表層の諸現象」「秋田の生い立ち」「地球生命史」の五つの展示コーナーで構成されている。

中央ホール中心には、国土基準点の一等重力点があり、国土地理院による測定が定期的に行われている。重力値は、鉱床探査に利用されたり地震・火山活動の予知にも使われる値。サイエンスボランティアや学生ボランティアが活動している。

小坂町立総合博物館郷土館　鹿角郡小坂町小坂

小坂はかつて鉱山の町として繁栄し、明治の末には秋田市に次ぐ県下第二の規模にまでなった所。江戸時代の小坂は郡内各鉱山へ食糧や資材を供給する所だったが、明治の官営時代にはヨーロッパの進んだ技術が導入さ

れた。民営化された藤田組時代には銀山から銅山に替わり日本三大銅山として大きく発展した。常設展示は「ふるさとのおいたち」「まちの近代化を支えた小坂鉱山」「魅力あふれる自然の秘密」のコーナーがあり、鉱山として発展した地域の歴史や自然が展示されている。屋外には「鉱山の文化＝光と水と交通」をテーマに発電所棟、水道共用栓モニュメント、小坂駅舎を設置し、発電の歴史、上水道の歴史、などを紹介している。関連施設に、旧小坂鉄道の線路と設備を利用した「小坂鉄道レールパーク」（駅舎他が国登録有形文化財）、「旧小坂鉱山事務所」（国重要文化財）、かつて鉱山関係者で賑わった芝居小屋「康楽館」（国重要文化財）もある。

秋田市立赤れんが郷土館　秋田市大町

　秋田市の歴史・民俗・美術工芸に関する企画展を開催している博物館。
　赤れんが館は旧秋田銀行本店として1912（明治45）年に完成した建物（国の重要文化財）。旧会議室は秋田出身の鍛金家で人間国宝の関谷四郎記念室になっている。他に新館・収蔵庫があり、新館の3階は秋田の木版画家勝平得之の記念館になっている。分館として竿燈などの民俗行事や芸能の「秋田市民俗芸能伝承館」（愛称・ねぶり流し館）、「旧金子家住宅」がある。

フェライト子ども科学館　にかほ市平沢

　体験型の展示装置がたくさんある子ども科学館。さまざまな実験プログラムを体験できる研究工房や、憩いの場として屋外のサイエンスパークがある。館名の「フェライト」は電気製品の部品などに使われる日本生まれ磁性材料であるが、これに特化した科学館というわけではない。フェライトの工業化のためにTDK株式会社を創業した齋藤憲三がにかほ市出身のためで、館内にはメモリアルホールがある。市内には「TDK歴史みらい館」もある。

秋田県立農業科学館　大仙市内小友

　愛称「サン・アグリン」。広い敷地の中に本館、果樹園、樹木園、りんご園、バラ園、曲り家などがある。本館の展示室では、江戸時代からの農業の変遷や、県で研究開発された新品種、最新の農業情報などを学べる。熱帯温室には約200種類の熱帯・亜熱帯植物がある。曲屋の旧伊藤家（国登

録有形文化財）では昔の農家の生活を学べる。バラ園では約150種が栽培されている。春、秋にフェスタが開催される。

秋田県立男鹿水族館　男鹿市戸賀塩浜

　男鹿半島の海辺にある水族館。男鹿の海を再現した巨大水槽、県の魚ハタハタに特化したエリア、日本海の魚、秋田の川など地域の水生生物のコーナーの他、サンゴ礁、アマゾン川、ペンギ、ホッキョクグマ、アザラシ・アシカなど世界の生物の展示もある。

　愛称のGAOは公募でGlobe（地球）、Aqua（水）、Ocean（大海）の頭文字でナマハゲの強さにも通じるということで決定された。

秋田市大森山動物園　秋田市浜田

　秋田市が一望できる大森山（標高約123メートル）にある動物園。

　中国より贈られたフタコブラクダの他、ライオン、ゾウ、キリン、チンパンジー、ペンギンなど96種597点の動物を飼育展示している。総面積は15万70平方メートル。中心部に湧水性の池である「塩曳潟」がある。

　ネーミングライツ・パートナーを導入しており、愛称は「あきぎんオモリンの森」。「オモリン」は園のイメージキャラクターの名前。

石坂洋次郎文学記念館　横手市幸町

　『若い人』『青い山脈』『陽のあたる坂道』など「青春もの」といわれる作品で人気のあった作家石坂洋次郎の記念館。大学卒業後13年間横手で教員生活を送った。常設展はこの時代の資料を中心に展開。かまくら館、後三年合戦金沢資料館、横手公園展望台（横手城）との共通券がある。

大潟村干拓博物館　南秋田郡大潟村字西

　日本第2の規模の湖だった八郎潟の成り立ちや、八郎潟を干拓し大潟村が誕生するまでの過程、全国から入植者を募集して始まった大規模農業などを知ることができる博物館。常設展示は「頭上の海面とジオパーク」「潟の記憶」「大地創造劇場」「新生の大地」「豊かなる大地」「大地との共生」で構成されている。「大潟村案内ボランティア」として村民がみずからの歴史を織り交ぜながら館内の展示や村内のポイントを案内してくれる。

白瀬南極探検隊記念館　にかほ市黒川

　にかほ市出身の探検家白瀬矗と南極探検の博物館。1912（明治45）年2台の犬ゾリで南極点を目指した白瀬の南極探検を中心とした「白瀬矗の南極探検ゾーン」、56（昭和31）年再開の日本の南極観測を中心とした「白瀬の夢を継ぐゾーン」、68（昭和43）年、日本隊の初南極点到達で使用した実物の雪上車のゾーン、北極南極のオーロラなどを上映するオーロラドームで展示は構成されている。円錐形の塔のある独特な建物は黒川紀章の設計。

なまはげ館　男鹿市北浦真山

　大晦日の夜に実施される男鹿半島の伝統行事「なまはげ」の専門博物館。展示は、市内各地で使われた多彩なナマハゲ面のコーナー、背景となる地域の風土を伝えるコーナー、映像「なまはげの一夜」の上映ホール、変身コーナーなどで構成されている。隣には古民家の「男鹿真山伝承館」があり、実演を交えた学習プログラムが実施されている。「男鹿のナマハゲ」は国重要無形民俗文化財、ユネスコ無形文化遺産である。

雪国民俗館　秋田市下北手桜　ノースアジア大学内

　雪国の暮らしと文化を研究し、その成果を地域社会に還元するノースアジア大学の教育研究機関。雪国の暮らしに欠かすことのできなかった道具などを展示している。国指定重要有形民俗文化財の大沼の箱形くりぶねや農業用かぶり物（59点）など約3,000点の雪国の民俗資料がある。

新潮社記念文学館　仙北市角館町田町

　地元出身で出版社、新潮社を創設した佐藤義亮（1878～1951）の顕彰を目的に2000（平成12）年にオープン。展示は「仙北市角館町の生い立ち」「新潮社と文人」「義亮と秋田、角館」という構成で、ミニシアターもある。多様な企画展も実施している。

名　字

〈難読名字クイズ〉
①五代儀／②雅楽代／③利部／
④季子／⑤雲然／⑥小番／⑦根
田／⑧賢木／⑨寿松木／⑩淳城
／⑪土濃塚／⑫子野日／⑬及位
／⑭六平／⑮武茂

◆地域の特徴

　秋田県で一番多い佐藤さんの県人口に占める割合はなんと8％弱。県単位の数字としては信じられないほど高い。東日本では、県で一番多い名字の比率は2〜3％前後、西日本では1％強のところもあるから、この数字の高さがよくわかる。県内にある25自治体のうち、秋田市など10市町村で最多。とくに県南部に多く、にかほ市や羽後町では人口の14％前後を占める圧倒的な最多となっている。

　2位の高橋は極端に南部に集中しており、仙北市・大仙市・湯沢市の3市と美郷町で最多。しかし、人口比で最も高いのは東成瀬村で、人口の22％にも及んでいるのだが、佐々木が実に人口の25％も占めており、高橋は2位となっている。平成大合併以前、湯沢市の旧皆瀬村は人口の3割近くが高橋だったが、そのなかでも羽場地区では集落すべてが高橋さんであることで知られ、テレビの全国放送で紹介されたこともある。

　3位佐々木も人口比4％を超えており、特定の名字への集中度がきわめて

名字ランキング（上位40位）

1	佐藤	11	菅原	21	渡部	31	武田
2	高橋	12	畠山	22	田口	32	田村
3	佐々木	13	藤原	23	田中	33	今野
4	伊藤	14	渡辺	24	菊地	34	石井
5	鈴木	15	小松	25	木村	35	後藤
6	斎藤	16	小林	26	藤田	36	山田
7	三浦	17	柴田	27	小野	37	千葉
8	加藤	18	鎌田	28	吉田	38	進藤
9	阿部	19	成田	29	熊谷	39	中村
10	工藤	20	石川	30	斉藤	40	近藤

高い。佐々木は南部の東成瀬村と北部の藤里町で最多。4位伊藤も人口比3％もあり、他県であれば最多でもおかしくない。秋田市郊外の井川町・五城目町・八郎潟町で最多となっており、とくに井川町では人口の2割近い。

実は、12位の畠山までがすべて人口比で1％を超えており、この上位12個の名字だけで県人口の3割強にも及んでいる。つまり、県民の3人に1人は上位12名字のどれかを名乗っている計算となる。

18位鎌田は秋田県を中心に東北北部に集中している名字で、19位成田は青森県を中心に秋田県以北に多い。また、22位田口は秋田県と岐阜県に多い名字である。

以下、40位まででは38位の進藤が独特。下に藤という漢字が付いていることでもわかるように藤原氏の一族。藤原利仁の末裔の為輔が修理少進となって、修理少進の「進」と藤原の「藤」を合わせて進藤氏を称したのが祖という。本家は代々公家近衛家の諸大夫（家老）を務めた。現在では秋田県にとくに多い。

41位以下では、43位加賀谷、44位小玉、56位船木、72位嵯峨、75位金、76位東海林、100位安保が秋田県独特。嵯峨は全国の4割が秋田県在住。このうち、金は東北に広がった「こん」一族の末裔が、「こん」に「金」という漢字をあてたものである。

100位までには奈良、桜庭、松橋、桜田、浅利のように青森県と共通する名字も多いほか、岩手県と共通する照井も入っている。

浅利は甲斐国八代郡浅利（山梨県中央市浅利）がルーツで、『平家物語』にも登場する浅利義成の子孫が鎌倉時代に比内地区の領主となって移り住んだのが祖。一族は仙北地方から、青森県の津軽地方にかけて広がった。

安保のルーツは武蔵国賀美郡安保郷（埼玉県児玉郡神川町元安保）で、本来の読み方は「あぼ」だった。鎌倉時代に鹿角地方の領主となって移り住んだのが祖で、県内では「あんぽ」と読むのが主流。

なお、108位の茂木も関東がルーツ。下野国芳賀郡茂木（栃木県芳賀郡茂木町）発祥で、藤原北家の八田氏の一族。代々同地で常陸の佐竹氏に仕えており、江戸時代に佐竹氏の秋田転封とともに移り住んで来た。

101位以下では草彅、虻川、真坂、戸嶋、猿田、日景、館岡が秋田県独特。藤島、戸沢、北林は秋田県独特というわけではないが、とくに秋田県に多い名字である。戸島と戸嶋では、全国的には戸島と書くことが圧倒的に多

いが、秋田県では7割以上が戸嶋である。虻川と日景は全国の3分の2近く、館岡も6割弱が秋田県にある。

● **地域による違い**

　地域別にみると、県北部ではほとんどの自治体で佐藤が最多で、工藤、成田、松橋といった青森県と共通する名字も多い。鹿角市では阿部、八峰町では菊地が最多となっている。独特の名字には、能代市の幸坂、三種町の桧森、八峰町の日沼、藤里町の淡路、大館市の貝森、鳥潟、鹿角市の海沼、北秋田市の九島、津谷、小坂町の目時などがある。

　県南部では佐藤・高橋・佐々木の3つが多い。大仙市の伝農、由利本荘市の打矢、小助川、横手市の寿松木、湯沢市の赤平、沼倉、羽後町の仙道などが独特。また、特定の名字への集中度が高く、東成瀬村では佐々木・高橋の2つの名字で人口の半分近くを占めている。

　秋田市を中心とする県中部でも、秋田市や男鹿市では佐藤が最多だが、潟上市では菅原が最多となっている。この他、伊藤、鎌田、菊地、小玉などが多い。

　秋田市では、最後に「谷」の付く名字が多く、「谷」を「や」と読むものがほとんど。これらの名字は職業由来の名字である。

　江戸時代、秋田は北前船の港町として栄えた。町には多くの商家が並び、彼らはいろいろな屋号を名乗っていた。明治になって戸籍に名字を届けることが義務づけられたとき、商家では屋号を名字にすることが多かったが、その方法は地域によって違っている。

　富山県の新湊のように、「屋」をはずして名詞だけで登録した地域もあれば、屋号のままで登録したところもある。秋田市では「屋」のままで登録したものと、「谷」に変えて名字とした家の両方ともに多い。

　そのため、市内には多くの「〜谷」「〜屋」という名字がある。なかでも多いのが加賀谷で、全県でも43位と唯一ベスト100にも入っている。これをみても、秋田がいかに北前船を通じて加賀（石川県）との関係が深かったかがよくわかる。

　この他にも、越後谷（屋）、越前谷（屋）、能登谷（屋）、播磨谷（屋）といった北前船の経由地の国名を名乗るものが多い。

　なお、これらの地名は取引先や出身地を示すことが多いため、秋田県には秋田谷という名字は少ない。秋田谷が多いのは、青森県のつがる市や、

北海道函館市である。

● 東海林の読み方

　76位の東海林の読み方は「しょうじ」である。漢字と読み方が全く噛み合っていないが、読むことのできる人が比較的多い。

　この名字のルーツは隣の山形県で、本来は漢字通りに「とうかいりん」だった。しかし、秋田に転じた一族が、荘園の税務管理などをする「荘司＝しょうじ」という職業についたことから、「しょうじ」が名字となったものである。そして、東海林という漢字のままで「しょうじ」を名乗ったことから、漢字と読み方が全く噛み合わなくなった。

　ルーツとなった山形県では今でも「とうかいりん」という読み方が圧倒的に多く、全国的にみると、「しょうじ」が6割で、「とうかいりん」が4割ほど。そして、歌手の東海林太郎をはじめ、芸能リポーターの東海林のり子、漫画家の東海林さだおなど、「しょうじ」と読む有名人が続出したため、東海林と書いて「しょうじ」と読むのは常識となってしまった。しかし、近年では東海林という有名人がいなくなり、再び難読名字となっている。

● 草彅の由来

　県順位112位の草彅は秋田県を代表する珍しい名字である。「彅」という漢字がJIS第2水準までで表現できないことから、かつてはパソコンで入力することができず、ネット上でも「■」や「●」で表示されていた。

　「くさなぎ」とは、新しく土地を開墾する際に草をなぎはらったことに由来するもので、各地に地名や名字があり、その多くは草薙という漢字をあてる。しかし、秋田県のこの地方では、前九年の役の際に弓で草を薙いで道案内をしたため、弓篇の草彅という名字を賜ったという伝説が伝わっている。タレント草彅剛は、おそらく名字にJIS第2水準外の文字を使用する日本一有名な人で、「彅」という難しい漢字も、彼のおかげで若い人を中心に認知度が上がったといえる。現在は横手市と仙北市に集中している。

　なお、県内でも大仙市では草薙と書き、こちらも県順位200位以内に入っている。

● 常陸をルーツとする名字

　江戸時代、秋田氏に代わって秋田を領したのが佐竹氏である。佐竹氏は関ヶ原合戦で敗れて常陸国（茨城県）から転じてきたもので、このとき石塚家・大山家・戸村家・今宮・古内家・真壁家・多賀谷家・酒出家・宇

留野家など、多くの家臣たちも常陸から移ってきた。そのため、今でも秋田には茨城県付近の地名をルーツとする名字が多くみられる。

●由利十二頭

　戦国時代、由利地区には由利十二頭という呼ばれる小領主群がいた。十二頭とはいっても、矢島氏、仁賀保氏、赤尾津（赤宇曽）氏、潟保氏、打越氏、子吉氏、下村氏、玉米（前）氏、鮎川氏、石沢氏、滝沢氏、岩屋氏、羽川氏、芹沢氏、杏沢氏など12氏以上であり、どれをもって十二頭というかは決まっていない。このうち、滝沢氏は鎌倉時代にこの地域に大名だった由利氏の末裔で、その他は室町時代に信濃国から下向して来た小笠原氏の子孫と伝えるものが多い。

　戦国時代には最上氏、安東（秋田）氏、小野寺氏といった大名の間で離合集散を繰り返し、豊臣政権下では仁賀保氏、赤尾津氏、滝沢氏、打越氏、岩屋氏が由利五人衆として残った。そして、江戸時代には仁賀保氏と打越氏が旗本となり、仁賀保氏は一時大名に列したこともある。

◆秋田県ならではの名字
◎小番

　由利本荘市矢島町に集中している名字で、木曾義仲に仕えた今井兼平の子孫と伝える。中世は矢島大井氏の家臣に小番家があり、江戸時代は矢島藩士に小番家があった。

◎由利

　湯沢市に集中している名字。中世、出羽国由利郡に由利氏がおり、清和源氏というが不詳。平安末期は奥州平泉氏に属して由利地方を支配していた。のち源頼朝に仕え、鎌倉幕府の御家人となるが、和田義盛に連座して失脚した。

◆秋田県にルーツのある名字
◎秋田

　県名と同じ名字を名乗る秋田氏は、神武天皇東征の際に、その大和入りに抵抗した長髄彦の兄安日彦（安日王）の末裔と伝える。実際の出自は不明で、おそらく蝦夷につながる家系だろうといわれている。元は安東を名乗っており、中世には桧山安東（下国家）、湊安東（上国家）の2家に分かれていた。戦国時代に下国家から上国家の養子となった安東愛季が両家を統合し、子実季の時に秋田市に土崎湊城を築いて秋田氏と改称した。江戸時代には福

島県の陸奥三春藩主となっている。

◎小助川（こすけがわ）

　秋田市と由利本荘市に集中している名字。秋田市を流れる小関川は中世には小助川ともいい、これに因む。戦国時代の由利郡には矢島大井氏の一族である小助川氏がいた。

◎仁賀保（にかほ）

　清和源氏小笠原氏の一族で、大井朝光の末裔という。応仁元（1467）年友挙が出羽国由利郡仁賀保（にかほ市）に下向して仁賀保氏を称したのが祖という。江戸時代は仁賀保藩1万石を立藩して大名となったが、のち分割相続して旗本となった。

◎三ケ田（みかだ）

　秋田県以北の名字。出羽国三ケ田（鹿角市八幡平字三ケ田）がルーツ。安保氏の庶流で三ケ田館に拠った三ケ田左近がいた。全国の半数近くが秋田県にあり、現在も鹿角市に集中している。

◆珍しい名字

◎及位（のぞき）

　秋田市付近に集中している難読名字で、「のぞき」と読む。秋田県由利本荘市や山形県真室川町にある地名がルーツか。地名の由来は、修験道の修行で崖に宙づりになって穴を覗いた人は高い位に及んだことに因むという。

◎花脇（はなわき）

　仙北市角館薗田の名字。大威徳山（花園山）の大威徳夜叉明王の別当を務めて麓の別当地区に住み、花園山の脇にあたることから、花脇を称したとみられる。

◎六平（むさか）

　にかほ市にある六平は「むさか」と読む珍しいもの。先祖は源平合戦で敗れた6人の平家の落武者と伝え、六人の平家という意味で六平を名字にしたという。読み方は平家の旗印が赤旗であることから、「むっつのあか」が縮まったものといわれる。

〈難読名字クイズ解答〉

①いよぎ／②うたしろ／③かがぶ／④きし／⑤くもしかり／⑥こつがい／⑦こんだ／⑧さかき／⑨すずき／⑩ていじょう／⑪とのづか／⑫ねのひ／⑬のぞき／⑭むさか／⑮むも

II

食の文化編

米／雑穀

地域の歴史的特徴

雄物川の河口に位置する土崎湊（現在は秋田市）は江戸時代は北前船の寄港地として栄えた。1655（明暦元）年には秋田藩が初めて東廻廻船を江戸に出した。1660（明暦6）年には仙北米集散の中心地として穀保町（こくほ）が創設された。

1871（明治4）年の廃藩置県によって8月29日に秋田県が誕生した。同県は8月29日を「県の記念日」と定めている。県名の由来については、①アイ（湧き水）とタ（地）で、アイタからアキタになった、②アギ（高くなった地）とタ（場所）で、アギタからアキタになった、の二つの説がある。米代川、雄物川、子吉川などが肥沃な土を運び、豊富な雪解け水が田に注がれる姿は、当時も今も変わらない。

1872（明治5）年には秋田県初代権令（知事）（ごんれい）の島義勇が八郎潟の開発構想を立てた。1958（昭和33）年には八郎潟干拓の起工式が挙行された。八郎潟の干陸式が行われ、大潟村が誕生したのは1964（昭和39）年である。村民は1966（昭和41）～74（昭和49）年に5回にわたって募集し、全国から580人が入植した。応募世帯は延べ2,463人で、倍率は平均4.2倍だった。

コメの概況

秋田県の耕地面積に占める水田率は87.3％で、東北地方では最も高く、全国では6番目に高い。秋田県の農業産出額の53.0％をコメが占めており、これも東北地方では最も高く、全国では5番目である。稲作の盛んな地域は、横手盆地、秋田平野、能代平野などである。

水稲の作付面積の全国シェアは5.9％、収穫量は6.4％で、全国順位はともに新潟県、北海道に次いで3位である。収穫量の多い市町村は、①大仙市、②横手市、③大潟村、④由利本荘市、⑤秋田市、⑥美郷町、⑦能代市、⑧湯沢市、⑨三種町、⑩大館市の順である。県内におけるシェアは、大仙市

15.0%、横手市12.4%、大潟村11.8%などで、この3市で4割近くを生産している。

　秋田県における水稲の作付比率は、うるち米93.7%、もち米5.2%、醸造用米1.1%である。作付面積の全国シェアをみると、うるち米は5.8%で全国順位が新潟県、北海道に続いて3位の米どころである。もち米は7.9%で4位、醸造用米は4.6%で6位である。

知っておきたいコメの品種

うるち米

（必須銘柄）あきたこまち、ひとめぼれ、めんこいな
（選択銘柄）秋田63号、秋のきらめき、淡雪こまち、亀の尾4号、キヨニシキ、金のいぶき、きんのめぐみ、ぎんさん、コシヒカリ、五百川、ササニシキ、スノーパール、たかねみのり、ちほみのり、つくばSD1号、つくばSD2号、つぶぞろい、でわひかり、はえぬき、ふくひびき、ミルキークイーン、ミルキープリンセス、萌えみのり、ゆめおばこ、夢ごこち

　うるち米の作付面積を品種別にみると、「あきたこまち」が全体の76.6%と大宗を占め、「ひとめぼれ」（8.5%）、「めんこいな」（8.4%）が続いている。これら3品種が全体の93.6%を占めている。

● **あきたこまち**　2014（平成26）年に誕生30周年を迎えた秋田を代表する品種である。2015（平成27）年産の1等米比率は91.2%と高かった。食味ランキングは地区によって異なり、県南地区は2012（平成24）年産以降、最高の特Aが続いている。県北、中央地区のランキングはAである。

● **ひとめぼれ**　2015（平成27）年産の1等米比率は94.7%とかなり高く、生産県の中で岩手県に次いで2位だった。中央地区の「ひとめぼれ」の食味ランキングはAである。

● **めんこいな**　秋田県が「ひとめぼれ」と「あきた39」を交配して1999（平成11）年に育成した。多くの消費者にかわいがってもらいたいとの思いから秋田弁で「かわいいな」を意味する「めんけえな」を語源として命名した。「あきたこまち」よりコメ粒が大きく、粘りはやや少ない。2015（平成27）年産の1等米比率は94.3%とかなり高かった。

- **ゆめおばこ** 「ゆめおばこ」のゆめは、多くの農家より求められている病気や寒さに強く、多収性を求める夢の品種であること、おばこは、東北地方の言葉で娘を意味する。冷めても硬くなりにくいのが特徴である。2015（平成27）年産の1等米比率は91.6％と高かった。県南地区の「ゆめおばこ」の食味ランキングはAである。
- **つぶぞろい** 秋田県が「めんこいな」と「ちゅらひかり」を交配して2012（平成24）年に育成した。粒が大きく、やわらかい食感で粒ぞろいが良いとして命名された。2015（平成27）年に県南西部のJA秋田しんせい管内に産地を限定してデビューした。県産の「つぶぞろい」の食味ランキングはAである。
- **秋のきらめき** 秋田県が「いわてっこ」と「秋系483」を交配して2012（平成24）年に育成した。秋のさわやかさとお米のきらきらした様子から命名された。高冷地でもおいしく育つのが特徴という。2015（平成27）年に県北部のJAかづの管内に産地を限定してデビューした。

もち米

（必須銘柄）きぬのはだ、たつこもち
（選択銘柄）朝紫、こがねもち、ときめきもち、夕やけもち
　もち米の作付面積の品種別比率は「たつこもち」59.6％、「きぬのはだ」40.4％である。

醸造用米

（必須銘柄）秋田酒こまち、秋の精、吟の精、美山錦
（選択銘柄）改良信交、華吹雪、星あかり、美郷錦
　醸造用米の作付面積の品種別比率は「秋田酒こまち」45.5％、「美山錦」36.4％などである。

- **秋田酒こまち** 秋田県が、「秋系酒251」と「秋系酒306」を交配し、2001（平成13）年に育成した。

知っておきたい雑穀

❶小麦

　小麦の作付面積の全国順位は25位、収穫量は26位である。主産地は、

県内作付面積の46.0％を占める横手市である。これに大潟村、大仙市、仙北市などが続いている。

❷二条大麦

二条大麦の作付面積の全国順位は東京都と並んで21位である。収穫量の全国順位は静岡県と並んで20位である。産地は仙北市と大潟村などである。

❸ハトムギ

ハトムギの作付面積の全国順位は9位、収穫量は10位である。栽培品種はすべて「中里在来」である。統計によると、秋田県でハトムギを栽培しているのは大仙市だけである。

❹アワ

アワの作付面積の全国順位は4位である。収穫量は四捨五入すると1トンに満たず統計上はゼロで、全国順位は不明である。栽培品種はすべて「モチアワ」である。主産地は大仙市（全体の52.3％）と横手市（47.7％）である。

❺キビ

キビの作付面積の全国順位は5位である。収穫量は四捨五入すると1トンに満たず統計上はゼロで、全国順位は不明である。主な栽培品種は「イナキビ」「タカキビ」などである。産地は横手市（全体の57.7％）と大仙市（42.3％）である。

❻ヒエ

ヒエの作付面積の全国順位は岩手県に次いで2位である。収穫量は四捨五入すると1トンに満たず統計上はゼロで、全国順位は不明である。栽培品種はすべて「ダルマヒエ」である。産地は横手市（全体の51.4％）と大仙市（48.6％）である。

❼そば

そばの作付面積の全国順位は6位である。収穫量の全国順位は栃木県と並んでやはり6位である。主産地は横手市、鹿角市、八峰町、仙北市などである。栽培品種は「階上早生」「にじゆたか」「キタワセソバ」などである。

❽アマランサス

アマランサスの作付面積の全国順位は岩手県、長野県に次いで3位であ

る。収穫量は四捨五入すると1トンに満たず統計上はゼロで、全国順位は不明である。栽培品種は「ニューアステカ」（全体の74.8%）と「メキシコ」（25.2%）である。大仙市の作付面積が県全体の61.1%を占め、北秋田市（25.2%）、横手市（13.6%）が続いている。

❾大豆

大豆の作付面積、収穫量の全国順位はともに北海道、宮城県に次いで3位である。作付けの97%は水田の転作によるものである。ほぼ県内の全域で栽培している。作付面積が広い市町村は、①大仙市（県内シェア13.1%）、②横手市（9.9%）、③三種町（9.6%）、④能代市（9.5%）、⑤北秋田市（5.9%）の順である。栽培品種は「リュウホウ」などである。

❿小豆

小豆の作付面積の全国順位は11位、収穫量の全国順位は8位である。主産地は北秋田市、大館市、由利本荘市、鹿角市などである。

コメ・雑穀関連施設

- **大潟村干拓博物館**（大潟村）　2000（平成12）年に開業した。国営事業によって八郎潟が干拓され、1964（昭和39）年にオランダのような海水面より低い総面積170km²の大潟村が誕生した。1967（昭和42）年の第1次入植以来、大規模農業を目指して全国から集まった村民たちが村づくりに取り組んでいる。博物館はこうした日本最大の干拓事業である八郎潟干拓の歴史や、干拓の技術などを後世に伝えることを目的に関係資料を収集して保存し、展示している。

- **小友沼**（能代市）　江戸時代初期の1617（元和3）～75（延宝3）年にかけて、秋田藩主・佐竹義宣の重臣、梅津政景、忠雄の父子が築造したため池である。扇形分水路によって、放射状にかんがい用水が配分され、230haの水田を潤している。国際的に重要な渡り鳥の中継地でもある。

- **七滝用水**（大仙市、美郷町）　大仙市と美郷町に広がる1,520haの水田を潤す農業用水路である。この地域を東西に流れる丸子川の上流の頭首工から取水している。円筒型サイフォン式分水工によって7本の水路に水田面積に応じて配分されている。用水は、江戸時代初期の1648（慶安元）年に潟尻沼をつくったことに始まる。水源の七滝山は水源涵養保安林の指定を受けている。

- **上郷温水路群**（にかほ市）　鳥海山北西山麓の大地をかんがいする5本の温水路群で、総延長は5.8kmである。この地域の農業用水は鳥海山の雪解け水や湧水を利用していたため、水量は豊富でも水温が低く冷水障害によって収量が落ち込んでいた。昭和初期の電源開発を機に、水路幅を広げて水深を浅くして水温を上昇させる温水路として整備された。
- **田沢疏水**（仙北市、大仙市、美郷町）　仙北平野の東部で、奥羽山脈沿いに開拓された3,890haの穀倉地帯を潤す延長30.6kmの疏水である。国営事業として1937（昭和12）年に着工したものの、戦争で中断したりして完工は1962（昭和37）年になった。「ジャングルの原始林」とよばれたこともある開拓地は、広大な田園と散居集落に変貌した。

コメ・雑穀の特色ある料理

- **きりたんぽ鍋**（大館市、鹿角市など）　炊きたてのご飯をすりつぶし、秋田杉の角串に巻き付けて焼いたのがたんぽである。形が練習用のやりの先端に付けるたんぽに似ていることに由来する。たんぽをちぎり、比内地鶏、ゴボウなどと一緒に煮込んだのがきりたんぽ鍋である。県北部の大館、鹿角周辺では、新米の収穫後、この鍋で農作業の労をねぎらう風習が残っている。
- **赤ずし**　酢を使わないすしで、「けいとまま」「赤まま」の別名もある。もち米で炊いたご飯を冷まし、それぞれ1cmくらいに切った赤じその葉、キュウリまたはシロウリなどを入れ、砂糖、塩で味を整える。木製の箱に詰め、上に笹の葉をのせて木のふたをし、重石をしておく。3日目くらいから食べられる。
- **はたはたずし**（にかほ市、八峰町など）　白神山地からミネラル豊富な水が流れ込む日本海で獲れたハタハタを「あきたこまち」の白米、ニンジン、ショウガで漬け込んだり、米麹で発酵させてつくる秋田の郷土料理である。ハタハタを切ってつける切りずしと、切らずにつける一匹ずしがある。
- **じゅんさいどんぶり**（三種町、能代市など）　じゅんさいはスイレン科の水生多年草である。古い池沼に生え、泥中の根茎から長い茎を延ばし水面に葉を浮かべる。県内の主産地は三種町である。寒天質に包まれた若芽を摘み、ご飯にのせてどんぶりにする。

コメと伝統文化の例

- **かまくら**（各地）　その年の豊作と、子どもの成長を願うため、路傍などにつくる高さ2m前後のかまど型の雪室である。農耕民族にとって水は最も重要なものの一つのため、かまくら内部の正面に祭壇を設けて水神をまつり、甘酒やミカンを供える。中では子どもたちが甘酒などをふるまったりする。約450年の歴史がある。横手のかまくら祭りの開催は2月中旬。

- **紙風船上げ**（仙北市）　田沢湖に面し、米づくりと林業を主産業とする西木地域で100年以上続く伝統行事である。五穀豊穣などを祈って、武者絵などを描き、灯火を点けた巨大な100余個の紙風船が冬の夜空に打ち上げられる。開催日は毎年2月10日。

- **竿燈まつり**（秋田市）　竹ざおに多数の提灯をつける竿燈は稲穂をかたどっており、豊作の願いが込められている。その原型は、笹竹などに願い事を書いた短冊を飾って練り歩く江戸時代・宝暦年間（1751～63）のねぶり流しにあるとされる。開催日は毎年8月3日～6日。

- **雪中田植え**（北秋田市）　雪の上に、わらや豆がらを植えて、その年の作況を占う。頭（こうべ）をたれて立っていれば豊作、直立なら実の入らない不稔、倒れたら風害や水害の恐れがあり凶作とみる。開催日は毎年1月15日の小正月。

- **男鹿のなまはげ**（男鹿半島）　なまはげは真山神社に鎮座する神々の使者とされる。年に一度、男鹿半島の各家庭を回り、悪事に訓戒を与え、豊作・豊漁をもたらす来訪神として「怠け者はいねが。泣く子はいねが」と練り歩く。国の重要無形民俗文化財である。開催日は大晦日12月31日の夜。

こなもの

稲庭うどん

地域の特色

　東北地方の西部に位置し、昔は羽後国と陸中国に分かれていた。秋田県の西部は日本海に面し、中央には出羽山地、東部は奥羽山脈がある。北部の米代川流域に大館盆地・能代平野、秋田平野、南部の雄物川流域に横手盆地・秋田平野が形成されている。内陸山間部は雪が多く、それらの雪どけ水が平野を潤し、日本有数の米どころとなっている。江戸時代初期に秋田藩主佐竹氏は、山がちな地勢をいかしてスギの育成に努めたので、現在でも「秋田杉」は高級建築材として知られるようになっている。

食の歴史と文化

　江戸時代以来、秋田の財政の基本は米の生産であった。そのため、優れた銘柄品種の研究に努め、昭和59（1984）年に、病気に強く、優れた食味をもつ「あきたこまち」が誕生し、以来、秋田米を象徴するブランドを保持してきた。今でも、「あきたこまち」の愛好家は多い。

　良質な米は良質な清酒も生み、秋田県は清酒の生産地としても有名になった。米どころの影響は、炊いた米をすり鉢で潰し、串に円筒状にくっつけた郷土料理の「きりたんぽ」を生み出し、「きりたんぽ鍋」の具として使われる。

　秋田の冬に漁獲されるハタハタは、一時乱獲のために資源が枯渇したことがあった。秋田の漁民は辛抱強く漁獲制限を守り、ハタハタの資源回復をすることができた。東北人の我慢の根性があったからこそ、成し遂げることができたともいわれる。秋田県はハタハタ文化の地域ともいわれている。11月下旬から12月初旬にかけて、秋田周辺の日本海では雷が発生し、この時期にハタハタが秋田沿岸に近づくので、ハタハタの漁獲時期となる。大量のハタハタは、かつては塩漬けして「しょっつる」という魚醤油にし、大豆醤油の代わりに用いた。近年、「しょっつる」の美味さが再確認され、

愛用している人も増えているようである。ハタハタの丸干、粕漬け、小糠漬け、味噌漬けなどのほか、慣れずしの「ハタハタずし」は、麹の発酵作用とハタハタを組み合わせたものであり、正月に欠かせない料理となっている。ハタハタの鍋の味付けに魚醤油の「しょっつる」を使い、具に内臓を除いたハタハタやハタハタの卵巣（「ぶりっこ」）を加える「はたはたのしょっつる鍋」もある。ハタハタずしは、東京都内のデパートの駅弁大会で売り出されることがある。

秋田の代表的な「こなもの」として「稲庭うどん」がある。良質の小麦粉と水を用いて、すべて手作りで仕上げるという江戸時代以来の伝統的な製法を受け継いでいる。稲庭うどんの具にはマイタケを加えると、美味しく食べられるといい、秋田の人たちは必ず入れるようである。

米どころ秋田の郷土料理には、米が用いられるものが多い。ご飯をすり潰して丸めたものが「だまこもち」といわれ、棒につけて焼いたのが「きりたんぽ」といわれている。これらは、寒い冬に、鶏肉や野菜とともに、鍋ものとして食べる。秋田では漬物を「がっこ」といい、長い冬に備えた保存食である。代表的なものに、たくわんの燻製の「燻りがっこ」がある。

江戸時代から栽培されている秋田の伝統野菜は多い。

知っておきたい郷土料理

だんご・まんじゅう類

①そばだんご

冬のおやつとして、そば粉を原料としただんごである。そば粉に少量の食塩を加え、熱湯を少しずつ加え、へらで丁寧に捏ねる。さらに、耳ぶたの硬さの状態まで、熱湯を加えて練る。これを、小さなだんごに丸めてから、軽く押しつぶし、熱湯に入れ、浮き上がるまで茹でる。茹で上がったらザルにあげ、荒熱をとる。このだんごを3個ずつ串に刺して、熱いうちにクルミ味や甘味噌だれをつけて食べる。

翌日まで残った場合、硬くなっているので、囲炉裏で焼くか、網の上でこんがり焼いて食べるのが香ばしいし、美味しい。

②かますもち

冷やご飯でお粥を作り、それにそば粉を加えて混ぜながら餅（だんご）

の生地を作り、クルミ味噌を餡を包み、沸騰した湯で茹でる。そのまま食べることもできるし、黄な粉をつけて食べることもできる。餅の形が、昔穀物を包んだ2つ折の袋の「かます」に似ているので、「かますもち」の名がつけられている。

　ご飯の代わりとして、また、おやつとして利用するために、多めに作る。学校から帰った子どもたちが食べるときには、冷えているので、囲炉裏の火でやや焦げ目がつくまで温めて食べたという。

③「犬っこ」の餅

　秋田県の湯沢地方では、旧正月の13日には、うるち米の粉の生地では小さな「犬っこ」を作り、玄関、裏口、窓など人が忍び込みそうな所の敷居の上に飾る習慣があった。犬っこは、盗難除け、悪いものの侵入防止の呪いであった。昔はたくさんの犬っこを作り、家々を回って売りに来た。現在は2月15日、16日に「犬っこ市」が立つ。

④もろこし（諸越）／炉ばた

　秋田地方に古くから伝わる、小豆粉と和三盆糖でつくる打ち菓子。300年前の秋田藩（久保田藩）の初代藩主・佐竹義宣（1570〜1633）も絶賛した郷土菓子が「諸越」である。和三盆糖の純度を高め、口の中で溶けるようにした。これを食べやすいように、一口サイズにしたのが「炉ばた」である。

⑤かまくら

　横手市のカステラ饅頭。カステラ生地で、卵黄入りの白餡を包みかまくら型に成形し、雪のように、砂糖がかかっている。

麺類の特色　名物となっている稲庭うどんは江戸時代から作り続けられている。秋田県は良質の小麦粉、清澄な水、塩など選りすぐりの食材を原料として作る。稲庭うどんの特徴は、一切機械を使わず、丹念な手練りをすることで、機械練りではできない空気の孔をたくさん含む弾力の強い麺ができあがる。

めんの郷土料理

①稲庭うどん

稲庭うどんの技法は、佐藤吉エ門（後に、「稲庭」の姓となる）によって、寛文5（1665）年に確立したと伝えられえている。その後、秋田藩主・佐竹侯の御用処となり、その技法は二代佐藤養助商店（創業：万延元［1860］年）に受け継がれ、以後養助氏により後進に継承されている。特徴は機械練りをしないで手練りをする技法である。

②稲庭山菜うどん

最も人気のあるうどん料理で、汁は関西風の淡口醤油を使い、うす味のかけ汁で供する温かい麺。

③醤油せいろ

冷やして食べるうどんで、ツルツルと喉を過ぎる食感がよい。つけ汁のだしは、コンブと鰹節に、シイタケを加えたもの。

④小豆ばった

そばの麺帯を三角形に切り、熱湯で茹でて、ザルに移して水切りしてから丼に移し、煮小豆をかける。

⑤きりたんぽ

秋田県の名物で、うるち米にもち米を10％程まぜて炊いたご飯を熱いうちにすりこ木棒で捏ねながらつき、まだ粒の残っているぐらいで串に棒状に巻きつけ、丸く形よい形にする。炭火でうすい茶色になるまで焼き、串を抜き取ればできあがりとなる。名の由来は、串に巻きつけた形が、稽古用の槍の先の形「たんぽ」に似ていることからといわれる。

戦国時代の武士の兵糧食として作られたという説、大阪冬の陣の落城の折に真田幸村が考案したという説がある。主として、県北の大館市一帯の比内地方では、伝統的な郷土料理である。適当な長さに切り、鍋（きりたんぽ鍋、しょっつる鍋）の具とする。

くだもの

地勢と気候

秋田県は、東西約70km、南北約170kmで、長方形に近い形である。東の県境には奥羽山脈が連なっている。奥羽山脈とその西に続く出羽山地の間を縫って米代川、雄物川などが流れている。能代、秋田、由利本荘各市の海岸部には隆起砂丘と、それぞれの河川によりつくられた沖積平野が発達している。

秋田県の気候は典型的な日本海側の特性を示す。冬季、沿岸部は風が強く、降雪は少ない。内陸部は風は弱いが、積雪が多い。2011（平成23）年の豪雪被害など雪害や凍害といった気象災害が多く発生している。県北の一部を除いて、ヤマセの影響は受けにくい。

知っておきたい果物

リンゴ

リンゴの栽培面積の全国順位は5位、収穫量は6位である。栽培品種は「ふじ」「王林」「秋田紅あかり」「ゆめあかり」などである。主産地は横手市、鹿角市、湯沢市、大館市、由利本荘市、秋田市などである。出荷時期は「ふじ」が11月上旬〜2月中旬、「王林」が10月下旬〜12月下旬頃である。

「秋田紅あかり」「ゆめあかり」のほか、「秋しずく」「秋田紅ほっぺ」はいずれも秋田県が育成したオリジナル品種で、「あきたりんご4姉妹」である。「秋田紅あかり」は2002（平成14）年に育成した中晩生種である。「ゆめあかり」は「はつあき」と「千秋（せんしゅう）」を交配して育成した中生種である。「秋しずく」は「王林」と「千秋」を交配して育成し、2005（平成17）年に品種登録された中晩生種で、日本ナシのような食感を示す。「秋田紅ほっぺ」は「千秋」と「さんさ」を交配して育成し、2009（平成21）年に品種登録された早生種である。

西洋ナシ 西洋ナシは県内のリンゴ産地で、リンゴの早生、中生種を補完する樹種として多く栽培されている。西洋ナシの栽培面積の全国順位は岩手県と並んで6位である。収穫量の全国順位は7位である。品種は「バートレット」を主力に、「ラ・フランス」なども栽培している。主産地は横手市、湯沢市、鹿角市などである。出荷時期は8月中旬〜12月下旬頃である。

サクランボ サクランボの栽培面積の全国順位は7位、収穫量は5位である。栽培品種は「佐藤錦」を主力に、「紅秀峰」「紅さやか」「香夏錦」「ナポレオン」「高砂」などである。主産地は湯沢市、横手市、鹿角市、美郷町などである。出荷時期は6月中旬〜7月下旬頃である。

スイカ スイカの作付面積の全国順位は5位、収穫量は11位である。主産地は横手市、羽後町などである。出荷時期は7月上旬〜8月下旬頃である。

大玉の「あきた夏丸」は秋田県のオリジナルブランドである。

日本ナシ 日本ナシの栽培面積の全国順位は17位、収穫量は18位である。栽培品種は「幸水」が県全体の6割を占めている。主産地は男鹿市、潟上市、大館市、秋田市、能代市、八峰町などである。出荷時期は8月下旬〜10月下旬頃である。

男鹿市五里合地区は県内でも有数の「幸水」など和ナシの産地である。「男鹿ナシ」として知られる。潟上市の砂丘地では、「秋泉」「幸水」「豊水」「かほり」などを生産している。

桃 桃の栽培面積の全国順位は13位、収穫量は14位である。栽培品種は「川中島白桃」が最も多い。主産地は鹿角市、横手市、湯沢市などである。出荷時期は、一般に7月下旬〜9月下旬頃だが、鹿角市は10月頃までと遅い。

鹿角市では、「あかつき」「川中島白桃」「黄金桃」「玉うさぎ」などを生産し、「かづの北限の桃」のブランドで出荷している。鹿角市によると、北限とは地理的な位置ではなく、市場に出荷する時期が全国で最も遅いという意味と、栽培農家の思いを込めてブランド名に付けたと説明している。

ブドウ ブドウの栽培面積、収穫量の全国順位はともに21位である。栽培品種は「スチューベン」「巨峰」「シャインマスカット」な

ど晩生種、「キャンベル・アーリー」「ナイアガラ」などの早生種、中生種などである。主産地は横手市、湯沢市、男鹿市、小坂町、潟上市などである。出荷時期は8月下旬～10月下旬頃である。

　秋田県によると、横手市は「巨峰」の北限の産地という。

カキ　カキの栽培面積の全国順位は42位、収穫量は44位である。主産地は横手市などである。

　横手ガキは江戸時代の中頃、殖産と、穀物の不作に備えて武家屋敷に植えられた。湯に一晩浸けて渋を抜いたさわしガキは横手を代表する果実の一つである。カキの渋を取り出し、和紙に塗って加工した渋紙は、防水、防腐効果があり、包装紙や敷物などに使われた。

　仙北市角館の雲沢地区で昔からつくられているのが渋ガキの「雲然柿（くもしかり）」である。大正時代の終わり頃、大根などを漬けるときにこのカキをつぶして入れると、渋が抜けて甘くなり、カキのうまみが漬物に移ることを発見し、今日まで伝わっている。カキの収穫は11月頃、漬け込みは11月末頃で、約50日間置いて、4月頃まで食べられる。雲沢地区では、7割近い家々に「雲然柿」が植えてある。

ブルーベリー　ブルーベリーの栽培面積の全国順位は11位、収穫量は24位である。主産地は鹿角市、大仙市、仙北市などである。栽培面積は増加している。出荷時期は7月上旬～下旬頃である。

イチジク　イチジクの栽培面積の全国順位は20位、収穫量は32位である。主産地は、にかほ市、五城目町、潟上市などである。栽培者は増えている。出荷時期は10月～11月頃である。

マルメロ　マルメロの栽培面積、収穫量の全国順位はともに3位である。主産地は北秋田市、鹿角市、横手市などである。収穫時期は9月下旬～10月下旬頃である。

メロン　主産地は三種町、男鹿市、潟上市、大潟村などである。代表品種は、ともに秋田県のオリジナルブランドである「秋田美人メロン」と「秋田甘えんぼ」である。「秋田甘えんぼ」はアールス系メロンである。出荷時期は7月上旬～10月下旬である。

　男鹿市、潟上市では「秋田美人メロン」「レノンメロン」「アムスメロン」などを生産している。「秋田美人メロン」は青肉で糖度は15度以上である。「レノンメロン」は赤肉で糖度水準は15度前後である。出荷時期は、とも

に7月上旬〜8月上旬頃である。「アムスメロン」は青肉で糖度は14度以上である。糖度水準が16度以上のものは特別に「アムススーパー40」として販売されている。出荷時期は7月中旬〜下旬頃である。三種町八竜地域の砂丘地などでは「サンキューメロン」「サンデーレッドメロン」「カナリアンメロン」「タカミメロン」「グレースメロン」などを栽培している。町によると、「サンキューメロン」は三種町だけで栽培されている。三種町のメロンの出荷は7月頃が中心である。

クリ クリの栽培面積の全国順位は17位、収穫量は25位である。主産地は仙北市などである。仙北市西木町の西明寺栗は、約300年前に、秋田藩主佐竹侯が京都の丹波地方や、岐阜の美濃養老地方から種を導入し、奨励したのが始まりである。1粒の重さは25〜30gと大粒である。

プルーン プルーンの栽培面積の全国順位は7位、収穫量は5位である。主産地は横手市、鹿角市、美郷町などである。

ウメ ウメの栽培面積の全国順位は35位、収穫量は38位である。収穫時期は6月上旬〜下旬頃である。

スモモ スモモの栽培面積の全国順位は20位、収穫量は25位である。収穫時期は8月中旬〜9月中旬頃である。

キウイ キウイの栽培面積の全国順位は、鳥取県、鹿児島県と並んで34位である。収穫量の全国順位は42位である。収穫時期は11月上旬〜12月下旬頃である。

イチゴ 主産地は湯沢市、羽後町などである。栽培品種は「ハルミ」などである。出荷時期は6月上旬〜11月下旬頃である。

地元が提案する食べ方の例

きのこと甘栗のピラフ（横手市）

炒めたシメジ、マイタケ、シイタケなどのキノコ類、甘グリを加え、酒、醤油を入れて炊飯する。少し蒸してからバターを入れて軽く混ぜ合わせ、パセリなどを散らす。

きのこと柿のごま和え（横手市）

千切りの生シイタケや小房に分けたシメジは酒蒸しにする。カキは短冊に。これらを軽く炒める。白ゴマを揺り、砂糖、塩などで好みの味をつけ、食べる直前に和える。

たっぷりりんごのオーブンケーキ（横手市）

　卵と砂糖、薄力粉とベーキングパウダーを混ぜ、天板に流し入れる。スライスしたリンゴ2個分とサツマイモを隅まで平らにならし、200℃のオーブンで45〜50分焼く。

りんごのコンポート（横手市）

　8等分に切り皮をむいて塩水に浸したリンゴ、その皮、グラニュー糖、白ワイン、水を鍋に入れて20〜30分煮る。器に移してレモンの輪切りを添え、シナモンの粉を振りかける。

干し柿と大根の酢の物（横手市）

　ボウルに酢、砂糖、塩、白煎りごま、ごま油を入れて、混ぜ合わせる。大根を加え、少ししんなりしてから、干し柿、切りミツバ、むきクルミを入れて和える。

消費者向け取り組み

● イチゴ狩り　農事組合法人こまち野、羽後町

魚　食

地域の特性

　秋田県、新潟県、山形県が面している日本海は日本列島とアジア大陸の間に位置する。日本海には約3,700種の魚介類が生息しているといわれている。秋田県の冬は寒く、夏は高温で乾燥の日の多い地域である。春になると雪解け水が豊富なために、秋田盆地と海岸の平野部は、ほとんどが水田として利用され、コメの生産地となる。海の幸は、現在の男鹿半島を除くと、砂浜が続き、岩礁地帯は少ない。

　秋田県の誇る国定公園である男鹿半島は、かつては離島であった。南と北の両河口からのびた2本の砂洲がこの島にのびて生じた複式陸繋島で、内側に八郎潟を抱いている。男鹿半島沿岸は、夏と冬の水温の差が著しい。表層は対馬暖流、200m以深は冷却塊という性質の海域である。干満の差は小さく、冬は荒海、夏は穏やかで、透明度の変化が大きい海域である。沿岸の条件は、生物の生息には好適ではない。珊瑚礁などは生成されないが、三陸海岸ではみられないサザエのような付着生物が多い。黒潮系の魚が出現したかと思うと、北海系の魚類が出現することがある。安定して漁獲できる魚はハタハタであるが、一時は乱獲のために資源が減少したことがあった。現在のハタハタ漁は、資源を調整しながら行われている。秋田県の白神山地、奥羽山脈、丁岳山地・神室山地に源を発する米代川・雄物川・子吉川の流域には能代平野や横手盆地、秋田平野を形成し、日本海に通じる。

魚食の歴史と文化

　日本海に面する秋田県の食文化の特徴は、美味しい秋田のコメと冬の積雪が、独特の発酵食の文化を形成している。すなわち、麹が秋田産のコメを原料とした酒造りに貢献しているのである。さらに、この麹は、秋田県を中心に日本海で漁獲されるハタハタを原料とした「はたはたずし」（飯

ずしの一種）が発達させた。原料のハタハタはハタハタ科の魚で日本海から北太平洋に分布し、水深200〜400mの砂泥底に棲む。かつては、秋田県沿岸で多量に漁獲されたことから秋田県の県魚となっている。一時、漁獲量が激減し、山陰地方に漁場が移動している。秋田県の漁業関係者は、資源保護に取り組み、現在は漁獲量を調整し、資源を保護している。秋田県は沿岸北部、沿岸中央部、沿岸南部の3地域に大きく分けられ、各地域により原料の配合や製造法に少しずつ違いがある。共通するのは、原料にハタハタ、コメ、米麹（一部の地域は使わないようである）、野菜を使用することであり、地域により熟成期間が異なる。

ハタハタを発酵させて作る魚醤油の「しょっつる」は、10世紀の『延喜式』にその作り方のルーツが記載されているといわれている。もともとは、大量に漁獲されたハタハタの貯蔵法としてつくられたのではないかと伝えられている。特産の調味料として歓迎されるようになったのは、昭和の初期の頃からであるとも伝えられる。世界各国の調味料が、日本国内で認識されるようになり、東南アジアの魚醤油も注目されてから、日本の魚醤油の「しょっつる」や「いしる」も再び注目されるようになった。

秋田県の山々に源を発する河川には、資源が減少している淡水産の魚介類が生息している。

知っておきたい伝統食品と郷土料理

地域の魚介類

秋田県内の漁港に水揚げされる魚介類は、ハタハタ、サケ類、ホッケ、マダイ、ガザミ、ヒラメ、カレイ、スルメイカ、ホッコクアカエビ、ベニズワイガニなどである。松本祥子らの調査によると、秋田市と大潟村が多種類の魚を利用している。その理由としては、男鹿半島沖が魚種の豊富な漁場であり、漁港に近い地域なので鮮度のよい魚が購入しやすいということである。一方、漁港から離れている平鹿町では、利用している魚種が少ないようである（松本祥子ら：日本調理科学会誌、Vol.40(1)、p41(2007)）。

春先にはメカブの収穫が始まり、モクズガニも獲れるようになる。生息数が非常に少なくなっている淡水産のサケ科のイトウが釣れるときもある。5月には、秋田沖ではマダイ・ヒラメ・マアジ・マサバが姿を現す。夏はスズキが旬となる。秋はイナダ（ブリの幼魚）、冬にはブリが食卓にのぼり、

11月のみぞれの頃からハタハタが群れをなして秋田沖に現れる。

　最近利用の多い魚介類としては、ハタハタ（八森）、フグ（トラフグ、ショウサイフグ、マフグなど）、タラ（寒タラ、金浦）、マダイ（男鹿）、ソイ、スルメイカ、ギバザ（ホンダワラのこと、八森）、ワカメ（男鹿）、イワガキ（象潟）、サザエ（男鹿）などがある。

伝統食品・郷土料理

①ハタハタの料理と利用

● ハタハタの飯ずし　馴れずしの一種で、ハタハタ・コメの飯・コメ麹を混ぜ、これに野菜や香辛料を入れて熟成させる。原料のハタハタは、前もって食酢に漬けることにより pH を下げ、身を締めると同時に、雑菌の生育を抑制する。酢締めしたハタハタとその他の材料を混ぜて熟成期間中に、各材料の成分の相互移行が起こり、馴れずしが完成する。熟成中には乳酸菌による乳酸醗酵が認められている。熟成期間は地域により異なり、10〜30日間が多い。

● ハタハタ料理各種　塩焼、魚田、フライ。素焼きにしてから生醤油とおろしダイコンで食べる。ハタハタの粕汁仕立ての汁。

● ハタハタの一夜干し　ハタハタの内臓を除き、塩漬けした後に乾燥する。昔は軒下に吊るし、一晩かけて干した。焼くと丸ごと食べられる（近年は、5〜9月にかけて兵庫県の日本海側でも漁獲されるので、兵庫県でも一夜干しを製造している）。

● ハタハタの火炙り　ハタハタの焼き干しのことで、地元での消費の多い伝統食品である。

②しょっつる

● しょっつるの作り方　はたはた醤油ともいわれている（地方によっては、ハタハタでなく、イワシ、ニシン、イカなどを原料とした魚醤油をつくる）。ハタハタは内臓を取り除かずに、樽の中へ魚・塩・魚・塩と何層にも重ねてから重石をかけて2〜3年保存して作る。すなわち、樽の中のハタハタに対して20%の食塩を加え、汁が滲出して脱水した魚を他の樽に移す。滲出液は煮沸ろ過しておく。脱水した魚に新たに塩を振り、これにろ過・煮沸した浸出液を加え、重石をして1〜数年漬け込む。魚は液化するので、これをくみ出し釜で煮込む。浮いた油は麻袋で漉す。

ろ液を静かに放置しておりを除き、瓶詰めにして市販されている。グルタミン酸、アラニン、バリン、ロイシン、フェニルアラニン、リジンなどのアミノ酸の含有量が多く、有機酸（乳酸や酢酸）も含む。

- しょっつるを使った貝焼き料理　秋田の代表的料理である。鍋の代わりにホタテガイの殻を使う。ハタハタ・豆腐・糸切りコンニャク・セリ・長ネギ・タケノコ・シイタケなどを材料とした鍋料理。小ダイやブリの切り身を加える場合もある。

- ハタハタの漬物　子持ハタハタの三五八漬け、子持ハタハタのもろみ漬けなどがある。

- ハタハタの生干し（一塩）　炙ると、頭、骨まで食べられる。

- ブリコ　ハタハタの卵をいう。鍋の具としたり、酒の肴とする。

- 秋田の正月料理　キンキンの塩焼き、タイの塩焼き、ブリの照り焼き、コイの甘煮、ハタずし、ハタハタしょっつる鍋、ちか（ワカサギのこと）のなますなどは今も正月料理として供されている。

③川魚料理

淡水産の魚介類としては、イトウ・ヤマベ・フナ・コイ・アユ・カワマス・ヤツメウナギ・モクズガニが利用されている。

- イトウ　資源が少なく、運よく釣れたときには刺身（姿作り）、照り焼き、フライなどで食べる。

- フナ　甘露煮など。

- コイ　甘露煮、洗い、から揚げ、みそ汁の具など。

- アユ　塩焼き、素焼き、姿ずし、刺身、アユ飯など。

- ヤツメウナギ　蒲焼き、干物、燻製など。

- モクズガニ　河口の汽水から中流までに棲息する。茹でカニ、汁の実、カニ飯など。

肉　食

マガモ鍋

▼秋田市の１世帯当たりの食肉購入量の変化 (g)

年度	生鮮肉	牛肉	豚肉	鶏肉	その他の肉
2001	38,454	5,340	19,819	10,993	1,369
2006	44,150	3,996	22,660	14,887	1,948
2011	44,638	4,410	22,551	14,340	1,994

　秋田県は、江戸時代以来の米どころであり、1984（昭和59）年に、病気に強く、優れた食味をもつ「あきたこまち」が誕生した。「あきたこまち」の開発により、秋田県の米の自給率は100％以上となっている。冬の日本海ではハタハタが漁獲され、ハタハタのなれずし、しょっつる鍋などの郷土料理があり、その反対は山に囲まれ山菜や野草も豊かである。

　秋田のきりたんぽ鍋には比内地鶏が欠かせない。秋田の代表的郷土料理のきりたんぽ鍋やしょっつる鍋には具としてもダシの材料としても利用するためか、秋田市の鶏肉の購入量は東北地方の県庁所在地の購入量と比べれば、多いほうである。

　また秋田市は他の東北地方と同様、明治時代頃から全国的に養豚産業が奨励されたことにより、豚肉購入量は他の種類の食肉より多くなっていると思われる。

知っておきたい牛肉と郷土料理

　秋田市の１世帯当たりの牛肉の購入量は毎年10％前後であるから、牛肉を使う惣菜は少ないようである。

　秋田県の銘柄牛は、秋田県の自然の中で高原のきれいな空気と美味しい水、清潔な牛舎で飼育されている。

　とくに日本短角種のかづの牛は、脂肪含有量が少なく、たんぱく質含有量が多く、バターで焼くステーキに合う。秋田由利牛は、美しい霜降り肉で、食味に優れている。飼料用の米が給与されている。

　凡例　生鮮肉、牛肉、豚肉、鶏肉の購入量の出所は総理府発行の「家計調査」による

❶秋田由利牛

　秋田県由利本荘市地区で生まれ肥育された黒毛和種の肉で、美しい霜降りの程度と良い食味で、注目されている銘柄牛の肉である。飼料に秋田県で生産される米を飼料として与えている。かつては、由利地区は子牛の生産地であり、生まれた子牛は県外に流出し、各地の銘柄牛として貢献していた。この牛肉は、焼く、煮るなどすべての料理に使われるが、専門家は秋田由利牛の各部位は、ステーキ、すき焼き、焼肉などに向き、ロースはすき焼き、焼肉、しゃぶしゃぶに向くと薦めている。

❷鹿角短角牛

　秋田県全域で飼育されている。肉質は、濃厚なうま味のある赤身肉である。岩手県の短角牛に比べて肥育日数が長いので、それがうま味成分に反映していると考えられている。うま味を引き出すには、ブロック肉や厚切りの肉をステーキや網焼きにするとよい。地元では、網焼きやフライパンで焼いた肉を、ダイコンおろしと一緒にしたシンプルな食べ方を薦めている。

❸秋田牛

　秋田県の全域の大自然の山麓の環境の中で、のんびりとゆっくり、ストレスをかけずに育てた黒毛和種。

● **秋田牛きりたんぽ**　秋田牛だけでなく、鹿角牛の肉、ウシのもつ、八幡平ポークがきりたんぽ鍋の具に使う場合もある。

知っておきたい豚肉と郷土料理

　十和田湖高原など自然豊かな環境が銘柄豚の生産によい条件であった。

❶十和田湖高原ポーク「桃豚」

　秋田県鹿角郡小坂町地区で飼育しているブタ。十和田湖高原の自社農場（3社）でのみ生産されている。桃豚の名の由来は、肉質が鮮やかな色をしていることにある。筋線維は細かく軟らかで臭みの無い肉質で、脂肪に甘みがある。生育段階ではミネラルたっぷりの水を与えることが飼育上の特徴である。トンカツ、しゃぶしゃぶ、串焼き、ソテーなどの一般に利用されている料理や、胃の部分は刺身で提供しているところもある。内臓はホルモン料理の材料にもなっている。

❷秋田美豚（あきた びとん）

　3・11の東日本大震災により飼育を一時中止していたが、現在は飼育を再開している。十和田湖に面した秋田県小坂町の豊かな自然環境で、十和田湖高原の伏流水を与えて飼育している。桃豚の飼育と条件が同じである。サシ（脂肪交雑）の入った肉は、しゃぶしゃぶなどに適している。十和田湖高原の伏流水は、水田では「あきたこまち」という品質のよい米の栽培にも関わっているから、ブタの生育にもよい効果を示すことは明らかである。

❸笑子豚（エコブー）

　秋田の名物の稲庭うどんや納豆を原料として飼育しているので、豚肉特有の臭みが少ない。豚しゃぶしゃぶが美味しい食べ方。

● **「豚汁風」なべっこ**　秋田市、由利本庄市中心とする秋田県沿岸では、サトイモを入れた鍋料理は「なべっこ」といわれ、肉には豚肉を使い、味噌味の「豚汁風」の鍋料理すなわち、豚汁風なべっこを作る。

知っておきたい鶏肉と郷土料理

❶比内地鶏

　秋田県の代表的鶏は、「比内地鶏」である。肉質は、味に優れ、脂肪が比較的少なく、ヤマドリに似て淡白で美味である。藩政時代には、年貢として納めていた。比内鶏は、日本固有の純然たる地鶏であり、学術的に価値が高いことから、1942（昭和17）年に天然記念物に指定されたために、比内鶏を育種選抜して造成した「秋田比内鶏」の雄とロード種の雌を交配して生まれたのが「比内地鶏」で、食用に生産されるようになった。

● **比内地鶏ときりたんぽ**　比内地鶏のがらから作る出汁は、秋田名物の「きりたんぽ鍋」には欠かせない存在となっている。比内地鶏の肉質は、適度な脂肪を含み、噛みしめるほどにコクと香りを感じる。

● **比内地鶏のその他の料理例**

　グリル　タケノコ挟み焼き、ささ身ダイコン醤油締め。

　明太揚げ　比内地鶏のささ身に明太子を入れ、小麦粉や片栗粉の薄衣に包んで揚げる。

　ステーキ　もも肉に塩コショウをし、フライパンで焼いて、ケチャップやソース、醤油で味を付ける。

知っておきたいその他の肉と郷土料理・ジビエ料理

　秋田県内にはジビエ料理を提供する店がある。クマ肉の鍋、エゾシカの炒め物などを提供されるほか、イタリアンの店ではイタリア料理の食材として提供している。居酒屋では日本酒に合う料理として提供している。

　イノシシ、エゾシカ、クマ、山鳥などは、資源調整の目的で、猟師が捕獲した時しか入手できないので、ジビエ料理の価格は比較的高い。秋田またぎは阿仁と百宅が特に有名で秋田内陸縦貫鉄道にも「阿仁マタギ駅」がある。

- 八郎潟のまがも　マガモ鍋の名物の店の多い八郎潟町は秋田県のほぼ中央に位置し、八郎潟に面していて、秋田県では最も小さい町である。マガモは、古くから冬になると八郎潟に飛来し、すくすくと育つ。冬の猟期になると猟師は猟銃で撃ち落とし、自分たちも食べたり、地元の店に売っていた。他のジビエと違い、手に入れば必ず食べるが、多くは獲れないため、値段は高い。2000年代に入り、飼養するようになり、必要なときには入手でき食べられるようなった。

　　飼養したマガモの肉質のうま味は野生のマガモとほとんど変わらないので、八郎潟の地元の人たちの間では馴染みの料理である。マガモ肉は、季節の野菜とともに煮込む鍋である。特製スープは、味噌と醤油で味を整えて煮立たせ、煮立ったところに椎茸、豆腐、ネギを入れて再び煮立たせる。さらに煮たったところでマガモの肉とセリを入れて、煮過ぎないように煮る。

- 北秋田の「松尾牧場」の牛肉と馬肉　北秋田市の名産のウシで、とくに松尾牧場が飼育しているウシを松尾牛という名で区別している。ウマについては特別の名はない。ウシもウマも松尾牧場の徹底した品質管理と「あきたこまち」の米ぬかを給餌して飼育している。牛肉も馬肉も甘みのある肉質である。両者とももしゃぶしゃぶや、すき焼き、ステーキ、ハンバーグなどさまざまな料理の材料となっている。

- くじらかやき　鯨肉の脂肪組織（皮の下の脂肪組織）の鍋料理で、夏に食べる秋田県の郷土料理。クジラの脂肪層、ナス、ミズ（山菜）を味噌で味付けて、最後によくかきまぜ生卵をかけて加熱し、卵が半熟状態になればできあがり。

- **ヤジ**　クマの血液を大腸に詰めて茹でたもので、秋田や岩手で食されていた。新潟では"やごり"という。昔は、クマの生の血液は、薬として飲まれており、クマの脂は火傷やひび割れの薬として、骨はてんかんの薬として使われていた。

- **ウサギの味噌煮**　昔は、農民が冬季、クマタカなどを使って、毛皮と肉を得るために野ウサギなどの狩猟を行っていた。ウサギは皮をはぎ、骨のままぶつ切りにして水に入れ、味噌と醤油で1時間ほど煮て、改めて適量の味噌と醤油を足して、汁がなくなるまで煮詰める。

- **ウサギの叩き**　骨付きのウサギ肉を骨ごと丁寧に木槌などで叩き、これに大豆と小麦粉を混ぜてさらに叩き、団子状に丸めて、味噌汁に入れて食す。

- **兎汁**　骨付きの兎の肉を水から時間をかけてコトコト煮る。骨付きの兎の肉を鍋から取り出し、鍋に大根やニンジン、ごぼう、ネギ、豆腐を入れ、最後に醤油か味噌で味をつけて頂く。

- **またぎ鍋**　阿仁地方に伝わる郷土料理。主として猟師が獲った熊肉の料理。味噌仕立てで、野菜。きのこも加える。百宅にも熊鍋がある。

- **熊鍋**　百宅（ももやけ）のまたぎ料理。百宅は阿仁と並ぶ秋田またぎのふるさと。食べやすい大きさに切った熊の肉を水から煮る。

地　鶏

▼秋田市の 1 世帯当たり年間鶏肉・鶏卵購入量

種　類	生鮮肉 (g)	鶏肉 (g)	やきとり (円)	鶏卵 (g)
2000 年	41,865	12,121	2,669	34,571
2005 年	38,787	12,578	2,025	27,721
2010 年	42,053	14,121	2,102	28,118

　秋田県は、江戸時代以来コメの産地として知られている。とくに、1984（昭和59）年に、病気に強く、優れた食味をもつ「あきたこまち」が開発されてから、さらに秋田のコメは人気となっている。農作物では畑のキャビといわれているホウキギの実の「とんぶり」、三種町の沼でとれるジュンサイなどの珍しい天然物もある。

　秋田料理で有名な「きりたんぽ鍋」に欠かせないのが鶏肉である。本来は、秋田の「比内鶏」を使っていた。この比内鶏が現在は天然記念物として保護されている。そこで、比内鶏の雄とロードアイランドレッドの雌を交配した「比内地鶏」が開発され、この肉がきりたんぽ鍋の材料として使われている。

　きりたんぽは、秋田産のコメを炊いてご飯とし、これをすり鉢の中ですりつぶし、杉木を材料とした串に細長く竹輪のように巻き付けて焼いたもので、比内地方の郷土料理の一つである。きりたんぽ鍋は、比内地鶏のだし汁の中にきりたんぽ、野菜類、マイタケを入れ、さらに比内地鶏の正肉を食べやすい大きさに入れてしょっつる（魚醤油）の味付けで食べる。

　きりたんぽ鍋の具材は、団子状に丸めたきりたんぽの「だまっこ」「だまもち」、マイタケ、その他の野菜を使う。比内地鶏の肉が入り、魚醤油の「しょっつる」で汁の味を調える。これらの動物性食品も植物性食品も使われているところから栄養学的にはバランスのとれている料理に組み立てられている。だまっこからはでんぷんやブドウ糖などの糖質、野菜やキノコからは食物繊維、ビタミン類、ミネラル類、鶏肉からはたんぱく質や脂肪などの各種栄養素が体内に取り入れることになる。酒の強い秋田県

の人にとっては、酒の肴としても理想的な鍋なのである。

　秋田県の県庁所在地秋田市の1世帯当たりの年間の鶏肉購入量は東北地方の中でも2000年が12,121g（東北地方は9,430g）、2005年は12,578g（東北地方は9,901g）、2010年は14,121g（東北地方は10,949g）で、常に東北地方の1世帯当たりの購入量より多く、東北地方の他の県庁所在地の購入量よりも最も多い。このことは、秋田県の銘柄鶏の比内地鶏の利用と結びついていると思われる。

　比内鶏は、秋田県の鹿角地方で飼育されている地鶏で、1942（昭和17）年に天然記念物に指定された。そのため、食用とすることは、法律で禁じられている。この比内鶏の雄とロードアイランドレッドの雌を交配して誕生したのが、一代雑種の比内地鶏である。秋田県大館地方原産の地鶏となっている。体形は軍鶏に似ていて、小型で肉色は赤系で適度の脂肪も含む味の良い鶏肉といわれている。150日以上も平飼いしたものが出荷される。

　秋田には美人が多いといわれ、「秋田美人」の誕生には歴史的な由来があるようだが、冬は豪雪に打ち勝つ生活を続けなければならないことから、物静かで、誠実で、家族や親戚とのつながりを大切にする性質が自然と会得していくのだろうという説があり、「秋田美人」は顔や体形だけでなく心も美しいのであるともいわれている。美人の肌の健康に成分として話題となっているコラーゲンは、コラーゲン分子の形で体内に取り入れることは考えにくいところである。しかし、鶏肉の皮についているコラーゲンは鍋の中で煮込まれているときに、ゼラチンに変化し、このゼラチンは体内でアミノ酸やペプチドに分解されてから取り入れられる。きりたんぽ鍋を食べてアミノ酸を体内に取り入れているので、秋田の女性は美人といわれているのかもしれない。比内地鶏の出荷形態は、中抜き、正肉、副生産物（内臓など）、カット正肉などであるから、料理は焼き鳥、から揚げ、網焼きなどすべてに適している。比内地鶏は、適度な脂肪を含み、脂肪球が細かいので鍋の材料としては最適である。

　比内地鶏のうま味は、ブロイラーや採卵鶏に比べイノシン酸を多く含んでいることによるといわれている。脂質を構成する脂肪酸としてオレイン酸が多いので心臓病の予防によいともいわれる。主成分のたんぱく質を構成しているアミノ酸には、肝臓の働きを活性化するメチオニンが多いので、酒好きの秋田の人にとって、比内地鶏を食材として加えたきりたんぽ鍋は、

肝臓の障害を予防する料理となっていると推察する。

- **きりたんぽ鍋** 秋田を代表する名物料理。秋田名産の比内地鶏に、お米で作った“きりたんぽ”を入れた郷土の鍋料理である。“きりたんぽ”は、うるち米にもち米を10％ほど混ぜて炊き、熱いうちに粒が少し残るくらいまですり潰して、秋田杉の丸串にちくわのように巻きつけて炭火で焼いたもの。比内地鶏のだしと肉、きりたんぽから香るほのかな杉の香りと焦げたご飯の香りが食欲をそそる。昔の山鳥やキジの味を再現するには比内地鶏でなければ美味しさは半減するといわれている。名の由来は、棒に巻きつけた形が、稽古用の槍の穂先「たんぽ」に似ているからといわれる。“きりたんぽ”は、戦国時代の武士の兵糧食として作られたという説と、大阪冬の陣の落城の際に真田幸村が考案したという説、熊などを撃つまたぎや木こりが山に入ったときの携行食だったという説などがある。

- **だまこもち、だまこ鍋、だまっこ汁** 郷土料理。きりたんぽにする前のすりつぶした米を団子状に丸めて、鶏肉や白菜、ネギといった季節の野菜やキノコなどの山菜を、鶏がらのスープで煮た料理。団子は煮崩れを防ぐために塩水に漬けておく。素朴だが美味い家庭料理。

- **八郎潟の鴨鍋** 冬になると八郎潟に渡来する鴨は貴重なタンパク源で、昔から地元の人も食べる町の特産品。現在は地元の「八郎潟町マガモ生産組合」が有機米を生産する農家の水田などで鴨を飼養している。鴨肉は、独特の風味と甘味、そして、食感はほど良い歯ごたえがある。季節の野菜と作る鍋は、風味ある鴨の脂がしみて美味しい。

- **かやき** 郷土料理。帆立貝の殻を鍋にして作る料理で「貝焼」が語源。材料は、特産の比内地鶏などの鶏肉や地元の名産のはたはなどの魚介類と季節の野菜、豆腐など。材料を貝の上に並べて、しょっつるか味噌で味を付け、貝風呂という小さな七輪で煮る。冬は鴨肉が使われる。

- **お狩場焼き** 江戸時代、角館城主の佐竹北家が、鷹狩をして獲ったキジや鴨などを、その場で山椒味噌を付けて焼いた野趣あふれる料理が発祥。狩場で焼いて食べるから“お狩場焼き”という。

- **秋田比内地鶏弁当、比内地鶏鶏めし弁当** 比内地鶏のガラスープで炊き

上げたあきたこまちを使用。ご飯の上に比内地鶏のしぐれ煮や肉そぼろを載せ、比内地鶏のササミフライ、季節の山菜の煮物、そして、特産品のいぶりがっこが付いた、地元の味を堪能できる駅弁。伝統工芸の曲げわっぱに入ったものもある。

- **鶏めし弁当（大館）** 1899（明治32）年創業の大館市の㈱花善が作る評判の駅弁。戦後の物のない時代に配給の米、砂糖、醤油、ごぼうだけで工夫して作った料理が"鶏めし"の原型といわれる。その後1947（昭和22）年に醤油で甘辛く煮た鶏肉と玉子のそぼろを使って"鶏めし弁当"を発売した。お弁当の容器は、保温性と殺菌効果のある秋田杉の曲わっぱを使用し、冷めても美味しいご飯のために、季節によって炊き方を工夫している。お米は県産のあきたこまちを使用。ご飯多めの満足弁当。

- **高原比内卵のピクルス** 比内地鶏の卵で作った珍しい卵のピクルス（酢漬け）。アメリカの料理研究家のヘジン氏のレシピを再現して、比内地鶏生産の「秋田高原フード」と、秋田のレストラン"テーブル・ヒルズ・キッチン"の山本シェフが作った。そのまま料理に使ってもよいが、サラダ、ソースなど工夫すると良いアクセントになる。

- **横手の焼きそば** ルーツは戦後の屋台という庶民に親しまれ続けた焼きそば。茹でたストレートの太麺、具は豚挽き肉やキャベツ、上に半熟の目玉焼きを載せるのが特長である。また、紅しょうがではなくて福神漬けが添えられる。ソースはやや甘めだが、トッピングの目玉焼きをからめて食べると美味しい。横手やきそば暖簾会が全国PRを行い、ご当地グルメとして知名度が高い。

卵を使った菓子

- **金萬** 秋田銘菓。卵を混ぜて味に深みと濃厚さを持たせた白餡を、蜂蜜と卵を贅沢に使った皮で包んで焼いた菓子。金萬が作る。

- **かまくら** 横手のカステラ饅頭。卵たっぷりのカステラ生地で、卵黄入りの黄身餡を包み、冬の横手の風物詩のかまくら形に成形し、雪のように砂糖を降りかけたお菓子。

地鶏

- **比内地鶏** 秋田県北部の比内地方で昔から飼われていた比内鶏は、藩政

時代には年貢として納められるほどその肉やスープは美味しかった。今は天然記念物に指定されて保護保存されている。現在、比内地鶏の系統は県内に二つある。秋田県畜産試験場が天然記念物の比内鶏とロードアイランドレッドを交配して作出した比内地鶏の系統と、これより以前から比内鶏を収集し、保存していた佐藤広一氏らの黎明舎系統とがある。前者は、ストレスを避けるために十分に広い環境で、野鶏のように飼養している。また、後者は、風味や食感に優れた雌鶏だけを選別し、ストレスなく衛生的に育てるために、ゆとりのあるケージで個体管理して飼育している。どちらも150日以上も飼育するので肉質もしまり旨みも良い。比内地鶏は、愛知の名古屋コーチンや鹿児島の薩摩鶏と並ぶ日本三大美味鶏といわれる。JAあきた北中央比内地鶏振興部会や、秋田高原フードなどが生産する。

たまご

- **高原比内地鶏卵**　地鶏で説明した秋田高原フードがストレスなく衛生的に産ませた比内地鶏の卵。
- **あやめ卵**　専用飼料に鶏のお腹の調子を整えるために納豆菌と有用微生物群を加えて産まれた卵。米とりんごと養鶏の町の平鹿町の樽見内耕新農場が生産する。

その他の鳥

- **八郎潟のまがも**　冬になると八郎潟に渡来する鴨は貴重なタンパク源で、昔から地元の人も食べる町の特産品。独特の風味と脂の旨味、歯ごたえのある食感が好まれていたが、狩猟できる量が少なく値段も高かった。そこで、10年ほど前に、鴨が渡来するのと同じような環境で鴨の飼育がスタートした。八郎潟町マガモ生産組合が生産している。有機米を生産する農家の水田で約2カ月間放し飼いにし、その後、組合が湖で獲れるワカサギなど与えて約3カ月飼育する。「鴨鍋セット」と「燻製品」が売られている。

県鳥

ヤマドリ、山鳥（キジ科） 長い尾羽が特徴の日本固有の種。生息域は雉とは異なり山の中なので、山鳥という。奈良時代から山鳥として知られており、万葉集や小倉百人一首にも歌われている。英名は、Copper Pheasant。銅色の雉。群馬県の県鳥にも指定されている。

汁　物

汁物と地域の食文化

　郷土料理が工夫される背景には、風土の歴史・習慣、生活から必然的に生まれたものが多い。秋田県の郷土料理が工夫された背景にはうまい米がある。秋田の財政の基本がコメの生産であったから水田の開墾によるコメの増産に励んだ。その結果、現在も美味しいコメとして人気の「秋田こまち」が存続しているのである。コメの生産は「コメの秋田」「酒の秋田」といわれているほど盛んで、米を主材とする郷土料理も多い。鍋物には、米のご飯を使った「だまこもち」や「きりたんぽ」は、秋田の郷土料理の鍋物（鶏肉や野菜を入れた「きりたんぽ鍋」）に欠かせないものとなっている。

　豪雪地帯の秋田県は、保存食が発達している。秋田の冬の魚のハタハタは、味噌仕立ての鍋物の具にし、冬の重要な動物性食品となるほか、塩漬けして「しょっつる」という魚醤をつくり、「しょっつる鍋」の調味料として使われる。秋田県は自家用のダイコンの漬物（いぶりがっこ）、塩蔵山菜は冬の大切な食品であり、汁物や鍋ものに添えられ、これらの引き立て役となっている。秋田の地魚の一つマダラを使う「タラのしょっつる鍋」もある。

　秋田はサトイモの産地としても知られている。サトイモを使った「いものこ汁」が秋田の人にとって自慢の郷土料理となっている。

　「夢二鍋」（夢二が好んだ粕汁）は、竹下夢二が大正時代に横手の「平利」という旅館に滞在したときに好んだといわれる粕汁。鍋の一種でもある。酒粕と白味噌の甘仕立ての「平利」特製の鍋。サケやタラなどの海の幸、キノコのような山の幸を煮込んだ鍋で、必ず、くずきりが入ったと伝えられている伝説の粕汁である。

秋田県の代表的「汁物」には、獲れたてのアジ、コウナゴ、ハタハタを塩漬けしてできる魚醬油、すなわち「しょっつる」で調味したタラやハタハタの身肉や粗を具にした「しょっつる鍋」、貝殻を鍋にして季節の魚や野菜を入れて、味噌か醬油仕立ての「貝焼き、つけご」などがある。また、秋の収穫が終わった頃、村人がサトイモ、コンニャク、油揚げ、サケやその他の食材を持ち込み、河原で「いものこ汁」を囲んで食べながら、秋の収穫を祝う。山形や各地で行われている「芋煮会」に似たものである。

ハタハタは、秋田沖や山形沖で漁獲される。冬の雷鳴がなると出てくるので、雷神の別称「はたはた神」がハタハタとなったという説がある。このことから「魚」偏に、旁に「神」を当てた国字の「鰰」が生まれている。冬至の頃、日本海が吹雪で雷鳴が鳴り響く悪天候になると、産卵のために群れをなして浮き上がり、海岸近くに集まるので、秋田沖がハタハタの漁場として知られている。しかし、今は海水の温度の上昇のため、ハタハタの漁場が山陰地方の沿岸に移動している。地球温暖化が原因でないかと推測している。

「しょっつる」は、現在でも東南アジアで利用している魚醬油の原型とも伝えられている。日本での魚醬油の利用は鎌倉時代頃からといわれ、室町時代に大豆から醬油を作られるようになる。魚醬油には香川の「いかなご醬油」、能登の「いしる」などもある。

味噌仕立ての汁物または鍋物には「平良カブ汁」、海藻のアカモク（ギバサ）の「ぎばさ汁」「いものこ汁」「がにたたき汁」「イカのごろ汁」「冷やし汁」がある。いずれも、季節の野菜や魚などを活かした汁物が多い。醬油仕立ての鍋物や汁物には、「だまっこ鍋」「はちはい豆腐」がある。「はちはい豆腐」はコメの凶作のときに、備蓄の大豆を使った豆腐や塩蔵して貯蔵しておいた山菜などを入れる汁物である。

食塩・醬油・味噌の特徴

❶食塩の特徴

白神山地の水が流れ込む海水を汲み上げて、煮詰めて食塩を製造している。男鹿半島の沖の海水を原料とした「なまはげの塩」、秋田の海浜を掘

って汲み上げた海水を原料とした「幸炎窯の塩」、炭の粉と混ぜた食卓塩の「炭入り食塩」などがある。

❷醤油の特徴

古くは石炭を熱源として、大豆を加熱し醤油を作っていた。囲炉裏の炭火で温めた室の中で麹を作り、醤油の醸造を行った。現在の醤油の流通形態は、酸化が起こる前に使い切ることができるように、小瓶入りで流通している。魚類のハタハタやイワシを原料とした魚醤油の「しょっつる」を製造し、地域の調味料として使われていたが、最近は全国で販売しているようである。

❸味噌の特徴

秋田産のコメと大豆を原料とした地産方の赤色系の味噌である。ブランド名「秋田味噌」は、「秋田香酵母・ゆらら」という酵母の品種を使っている。

1992年度・2012年度の食塩・醤油・味噌の購入量

▼秋田市の1世帯当たり食塩・醤油・味噌購入量（1992年度・2012年度）

年度	食塩（g）	醤油（mℓ）	味噌（g）
1992	4,378	12,960	13,956
2012	1,658	8,310	9,205

▼上記の1992年度購入量に対する 2012年度購入量の割合（%）

食塩	醤油	味噌
38.0	64.1	66.0

秋田市の食塩・醤油・味噌の購入量は、東北地方の他の県庁所在地のそれに比べると、1992年度も2012年度も少ない。秋田地方は、古くから寒さを応用して独特の発酵食品を作り、日常の食事に利用しているからと考えられている。

1992年度の食塩・醤油・味噌の購入量に対して2012年度のこれらの購入量の割合をみると、食塩の購入量は約40％に減少している。また、醤油や味噌の購入量は60％台に減少している。秋田県の代表的な郷土料理は、野菜や山菜の塩漬け、醤油漬け、味噌漬けなどの漬物である。これらの漬物を作る家庭が減少し、スーパーマーケットや百貨店（デパートメントストア）で、市販の漬物を購入する量が増えていることによると考えら

れる。また、惣菜類および、冷凍やレトルトの調理済み食品を購入する機会が増えたので、家庭ではこれまでのように、多量の調味料を購入しなくなったことも推測できる。

地域の主な食材と汁物

奥羽山脈、白神山地を背に西は日本海に面し、地球温暖化が問題になる以前は梅雨の季節は降雨量が少なかったが、2014（平成26）年の初夏から盛夏にかけては降雨量が多かった。冬は寒くても農作物はハウスで栽培し、漁業関係では多彩な魚介類が水揚げされている。鶏の比内地鶏は質の良い地域銘柄として飼育されている。

主な食材

❶伝統野菜・地野菜

秋田ふき（食用は茎）、ひろっこ（山菜のノビルを栽培化した若芽）、横沢曲りネギ、火野カブ、平良カブ、松館しぼりダイコン、山内ニンジン、石橋早生ゴボウ、湯沢きく、西明寺栗、トンブリ、ジュンサイ、仙北丸ナス、マルメロ（バラ科のカリンに似た果物、秋田ダイコン）

❷主な水揚げ魚介類

ハタハタ、マダラ、ガンギエイ、マダラ。内陸部ではワカサギ、フナ

❸食肉類

比内地鶏

主な汁物と材料（具材）

汁　物	野菜類	粉物、豆類	魚介類、その他
いものこ汁	サトイモ、ダイコン、ニンジン、ネギ、キノコ、セリ	豆腐	牛肉、豚肉、鶏肉、ニシン、干しダラ、コンニャク、味噌仕立て
納豆汁	サトイモ、ネギ、マイタケ・アミダケなどのキノコ類	引き割り納豆	コンニャク
しょっつる			コウナゴまたはハタハタ、食塩、麹

	野菜、山菜		フナ、ワカサギ、シラウオ、ゴリ、エビ、イサギ、タニシ、ドジョウ、ナマズ、野鳥、塩鯨、糸コンニャク、味噌、塩辛、醤油
貝焼き、つけご			
タラのしょっつる	ハクサイ、キノコ、山菜	油揚げ、豆腐	タラ、しょっつる
いものこ汁	サトイモ、ネギ、キノコ	油揚げ	サケ缶詰、鶏肉、糸コンニャク、醤油仕立て
さめのお茶わん	キノコ、ナガイモ、サツマイモ、セリ		サメ（だし用）、ハルサメ、麩、醤油仕立て
だまこ汁（だまこ鍋）	セリ、ゴボウ、マイタケ	ご飯を潰したもの（だまこ）	鶏がらのダシで煮る、醤油または味噌仕立て
けいらん	三つ葉、マイタケ	漉し餡を餅で包んだもの（鶏卵に似ている）	澄まし汁
ギバサ汁			ギバサ（海藻）、味噌汁または澄まし汁
平良かぶ汁	平良カブ（または漬物）		味噌汁または澄まし汁
だだみ汁	ハクサイ、ダイコン		マダラの白子、味噌仕立て

郷土料理としての主な汁物

　秋田の郷土料理の誕生の背景には、風土の歴史、地形や天候に伴う生活習慣が関係している。日本海に面している平野部では、江戸時代から水稲単作農業に力を入れ、畑作農業が発達しなかった。それには、山間地で山菜やキノコ類が容易に採集できたという自然の恵みを受けたことも考えられている。ハタハタという魚を塩漬け、発酵させる魚醤油の「しょっつる」、コメの生産から派生した日本酒、自家用の畑の大豆は、発酵調味料の味噌となるなど、秋田は独自の発酵文化を形成した。しょっつるや味噌は、秋

田の郷土料理に鍋物を多く生み出した一因でもある。

- **ぜんまいの小豆汁** だし汁に粉味噌を加え、溶かしてから、ゼンマイを入れて味噌汁を作り、これを茹で小豆を入れたお椀に入れたものである。ゼンマイの名の由来は、若芽の形を「銭舞い」と見立て、ゼンマイの呼び名が付いたとの説、機械のゼンマイに似ているからとの説がある。

- **ケの汁** 細かく刻んだ野菜を昆布ダシで煮込んだ汁である。秋田県だけでなく青森県でも郷土料理として作る地域がある。秋田県では「きゃの汁」「きゃのこ」ともいう。呼び名の由来は「粥の汁」にあるとされている。東北地方では1月16日の小正月を「女の正月」として祝い、「けの汁」を仏前に供える。大量に作り、日ごろ家事に忙しい主婦に休んでもらうために、数日の間、食べ続ける習慣がある。豪雪で春の七草が摘めない東北地方の北部では、七草粥の風習がないかわりに小正月のけの汁に七草粥の意味を含めている。

- **冷や汁** 夏の食べ物の冷や汁は、九州地方だけでなく、東北地方にもあった。秋田の冷や汁も、夏の暑さで食欲がないとき、家庭で食べたり、あるいは山や畑の昼ご飯用に作る。山仕事をするときには、ご飯と少量のおかず、冷や汁の材料をもって行き、昼食時に冷たい沢の水で味噌を溶かし、持参した具（キュウリ、ミョウガ、ナス漬けがっこ、紫蘇の葉など）を入れて食する。

- **芋の子汁** 食糧の乏しかった昔、収穫の祝いにイモノコ（里芋）、キノコ、ネギ、油揚げ、サケ、豆腐などを持ちより、具だくさんの「いものこ汁」を作り、満足するまで食べて祝った。小食になったのか、見栄えの良さを重んじているのか、具の量の少ない吸物に変わっているようである。イモノコを使う動機は、横手城の須田内記が野菜の栽培の奨励にあたり、サトイモの種子を仙台地方から取り寄せ、長瀞地区で栽培したことによるとの説がある。

- **ガニたたき汁** 南外村地区の秋につくる郷土料理。秋には川ガニ（モクズガニ）が、山から下ってくる。秋の農作業が終わる頃、食べる料理である。だし汁にミンチで砕いた川ガニ、塩ゆでしたサトイモを入れて煮た汁物である。

- **イカのごろ汁** イカのごろとは、イカの内臓のことで、イカを余すところなく使った味噌汁である。イカ（胴、ヒレ、脚、肝臓など。スミは取

り除き、ブツ切り）、ダイコン、ジャガイモなどを、昆布だし汁で煮て、味噌仕立てにしたもの。イカの身に含まれるベタインやグリシン、イカ墨に含まれるアミノ酸類がうま味の主役となる。

- **平良かぶ汁** 平良地区では、明治時代頃から自家用に作られていた。塩漬けや味噌漬けは定番の加工品であるが、最近は麹漬けにも加工される。平良かぶ汁は生のカブか塩漬けのカブを具にした味噌味の澄まし汁である。

- **ギバサ汁** ギバサは褐藻類の海藻の「あかもく」（ヒバマタ目ホンダワラ科）の秋田の呼び名である。味噌汁か澄まし汁で食する。アカモクはワカメなどと同じように、ビタミン、ミネラル、食物繊維を含む。

- **だまっこ鍋** 秋の収穫作業が終わった時に、慰労を兼ねて家族のほか手伝ってもらった人々にもご馳走していた。ご飯は普通に炊いて、半潰しにして団子の大きさに丸め、ゴボウや鶏肉などと一緒に煮込む鍋料理である。鶏ガラのダシを使う。

- **けいらん** 室町時代に、貴族や寺院の間で点心として発達した食べ物で、団子（うるち米の粉と白玉粉で作る）のようなもの。これを、祝儀には鶏のだし汁で、仏事には昆布・シイタケのだし汁で食べた。団子の白さと形が鶏卵に似ているところから「けいらん」の呼び名がある。

- **納豆汁** 納豆をすり鉢で擦り潰す。潰した納豆と、細かく刻んだ山菜、野菜、油揚げ、豆腐を入れて混ぜ、さらに昆布や煮干しのだし汁と味噌を入れた汁である。地元の山菜をふんだんに入れてひと煮立ちさせたもので、たんぱく質、ビタミン、食物繊維などが十分に摂れる汁物である。

- **浄夜豆腐（はちはい豆腐＝八杯豆腐）** 美味しいので、何杯もお代わりするので「はちはい」の名がある。かつて、凶作の大晦日に、備蓄大豆を増やして豆腐を作り、そばに見立てて、豆腐を麺のように細く切り、除夜の鐘をききながら、年越しそばのように食べたことが、この汁の由来である。現在は、精進料理として提供されている。

伝統調味料

地域の特性

▼秋田市の1世帯当たりの調味料の購入量の変化

年　度	食塩 (g)	醤油 (ml)	味噌 (g)	酢 (ml)
1988	8,068	21,957	16,462	1,584
2000	4,958	10,127	9,947	2,074
2010	2,914	7,148	8,893	2,015

　1988年度の1世帯当たりの食塩購入量をみると、東北地方の県庁所在地の中で秋田市と山形市の1世帯当たりの購入量は非常に多い。秋田市の場合、1988年の購入量は8,068 gであったのが、22年後の2010年には2,914 gと減少している。その差は5,154 gも少なくなっている。このような食塩を含む調味料の購入傾向は醤油や味噌にもみられる。食生活の改善、健康志向による食事内容の変化、料理番組の普及による料理の多様化などが関係があるのではないかと想像している。

　秋田県の食塩の購入量が多いのは、昔から秋田の人は漬物を「がっこ」とよんでお茶請けにするほど食べる機会が多い。このことは漬物の生産量も多いということと結びつくと思われる。

　秋田県の代表的調味料の「しょっつる」は、厳しい寒さの冬の魚のハタハタやイワシなどを材料とした魚醤油である。秋田県の郷土料理の「しょっつる鍋」は、汁の味付けがしょっつるを使うところにある。秋田県の「きりたんぽ」は、ご飯を杉の棒の先に巻きつけて、焚き火で焼いたのが「きりたんぽ」の原形である。きりたんぽ、野菜、比内地鶏を入れた鍋が「きりたんぽ鍋」である。この鍋の味付けもしょっつるを使うのが秋田の郷土料理である。

　秋田県の「芋の子汁」は、山形の芋煮会に似た郷土料理であるが、材料はサトイモが中心となっている。秋の稲の収穫時期は、大きな鍋に肉類（比

内地鶏）、イモ類、野菜類を入れた「芋煮会」になる。この時の味付けは味噌の場合もあれば醤油の場合もある。

　秋田県の稲庭うどんは、全国的に知れ渡るようになった。各地にある名産の麺類は、必ず地元の水を使った汁を用意することが多くなった。水の質（硬度など）は、麺の弾力性やめんつゆの味などに影響することから、最近は、地方から送られるギフト用の麺には、瀬産地の天然水で調製した麺つゆが同時に送ることが多くなった。

　白神山地は秋田県と青森県にまたがる広大な山岳地帯である。この地域の自然の水源はブナの林の中を流れてくる軟水であるために、美味しい日本酒が醸造されているところである。

知っておきたい郷土の調味料

醤油・味噌

- ●**秋田県の醤油の特徴**　秋田県には150年以上の歴史のある醸造会社もあり、小麦を炒るのに熱源を古くからの「石炭」を使っている会社もある。醤油を古くからの製法で丁寧に作っている石孫本店は、醤油の元となる「麹づくり」は、囲炉裏の炭火で温めた室の中で麹を生育させる「麹ぶた」による製法で行っている。仕込んでから発酵・熟成してできた「もろみ」を搾ると赤く澄き通った生醤油ができあがる。商品名の「百寿」（100ml）や「みそたまり」（100ml）は、本物の味として評判である。いずれも100mlという小瓶で売られているが、醤油は長期間の保存により酸化し、味が劣化するので、小瓶で販売しているのは、常に品質を考慮して販売しているからである。
- ●**しょっつる**　魚醤油の一つ。原料によりハタハタ醤油、イワシ醤油ともいわれる。魚醤油としては東南アジアの各地に残る魚醤が知られている。一度、しょっつるの製造は中断していたが、昭和になり秋田で再び作るようになり、秋田の郷土料理となった。主として大館で冬に作り始める。原料魚としてハタハタ・ニシン・イワシ・シラウオ・アミ・イカを使う。樽に原料魚・塩・麹を入れて重石をかけて漬け込み、1年以上発酵させてできた上澄み液が調味料の「しょっつる」となる。発酵中に原料魚のたんぱく質が自己のもつ酵素でアミノ酸に分解され、うま味が生成され

る。醤油に代わる調味料として使うか、ハタハタを入れたしょっつる鍋の汁の味付けに使われる。

● **秋田味噌**　秋田産のコメと大豆を使った赤色系の辛口味噌。

● **秋田県の味噌の特徴**　「秋田味噌」には、「秋田香酵母・ゆらら」という麹を使い、発酵・熟成をして作った味噌がある。秋田県総合食品研究所が開発した酵母で、この酵母を使うことでふわっと広がる「華やかな香りとさわやかな味」の、光沢と照りのある色鮮やかな味噌ができる。香りの成分は発酵作用によって生成する高級アルコールや有機酸とアルコールからなるエステル類であり、うま味成分としてはアミノ酸類のほかにグリセリンやコハク酸が関与していることも明らかにしている。

　秋田県は米の生産地であることから「秋田味噌」はその他の地域の味噌と比べて米麹の量を多く使っている。味は塩馴れしたおだやかな甘味とうま味の調和したものである。分類上は、赤系辛口味噌に属しているが、実際は赤色系から淡色系の間のいろいろな色の位置にある。麹を多く使うので、粒みその形のものが多い。

食塩

● **八峰白神の塩**　世界自然遺産である「白神山地」の水が流れ込む日本海の海水を汲み上げて、時間をかけて煮詰めて作った塩で、塩辛さが少なく、食材のうま味を引き立てる。

● **なまはげの塩**　男鹿半島沖、約10kmの地点から船上の海水タンクポンプで汲み取った海水を、蒸発タンクで塩分濃度を約10%に濃縮してから、平釜でゆっくり結晶化させた塩。

● **幸炎窯の塩（こうえんがまのしお）**　陶芸家がこだわりの塩として作ったもの。秋田県中央の砂浜からポリタンクで汲み取った海水を、平釜に入れて薪で加熱して結晶化した塩。

● **炭入り食塩**　卓上用の食塩で、炭の粉末と食塩を混ぜて瓶詰めしたもの。炭の脱臭性の効果を期待した調味用塩。

食用油

● **菜々の油**　小坂町の菜の花畑に育つ「キザキノナタネ」から調製した菜種油。豆腐に塩と一緒にかけるとトロリとした豆腐を味わうことができ

る。

郷土料理と調味料

- **きりたんぽ料理と調味料** 「きりたんぽ」は、もともとは阿仁合地方で山籠りする秋田杉の樵が、ご飯の腐敗を防ぐために考え出した保存食であったといわれている。新米にもち米を10％ほど混ぜて炊いた硬めのご飯を、すり鉢の中でハンゴロシになるまで搗く。これを竹輪のように串の先に槍の穂先の形にまるめる。これに、ダイコンの搾り汁や粉サンショウをつけたり、ゴマ・サンショウ・クルミをすり込んだ味噌を塗ってから焼いた「たんぽ焼き」「たんぽ田楽」という。団子状に丸めたきりたんぽの生地や比内地鶏、野菜類を土鍋に入れ、しょっつるで味付けた汁や鶏がらでとっただし汁などを入れた「キリタンポ鍋」がある。

- **男鹿半島の漁師料理** 男鹿半島の加茂や戸賀一帯の漁師の間に昔から伝えられた魚介類の加熱料理。桶や鍋に白身の魚・サザエ・エビ・アワビ・イカなどの海の幸を食べやすい大きさや形に切って、桶や鍋に入れる。この中に、水と焚き火で熱した石をいくつも入れて、ジュージューという音とともに、蒸気が上がり沸騰し、桶や鍋の中の魚介類を煮あげる料理。味噌味に仕立てる。

- **比内地鶏の稲庭うどん** 冷やしうどんをザルに盛る。これに照り焼きした比内地鶏にトウガラシを添えて供する。薬味は刻みネギとおろしショウガ。付け麺として食べる。

発　酵

しょっつる

◆地域の特色

　東に奥羽山脈が南北に縦走し岩手県と接する。西は日本海に面し、南は山形、宮城の両県と、北は青森県と隣接している。水系は、北に米代川、中部に雄物川、南に子吉川を擁し日本海に注いでいる。沿岸部の冬季の降水量自体はそれほど多くないが、日照時間が少ないことが特徴の日本海側気候である。県内陸部のおよそ90％の地域が特別豪雪地帯に指定されており、雪が多く降り積もりやすい。冬季の日照時間は全都道府県の中で最も少ない。

　樹齢200年を超える天然秋田杉は木曽のヒノキ、津軽のヒバと並び、日本三大美林の一つとなっており、木材生産量は全国4位。あきたこまちの名産地であり、米の産出額は新潟県、北海道に次いで全国3位。日本酒の生産高は、兵庫県、京都府、新潟県、埼玉県に次いで全国5位である。

◆発酵の歴史と文化

　秋田県は良質な食材が豊富であり、それらを活用したさまざまな郷土料理、伝統料理があり、古くから「食の宝庫」と呼ばれてきた。特に、雪深い冬の期間が長く、食品を保存する必要があったことから、さまざまな発酵食品が発達した。麹文化県といってよいほど麹を利用した多数の伝統的発酵食品がある。麹を多用する味噌、醤油、漬物、日本酒のほか、納豆やしょっつるなど、幅広い発酵食文化が発展してきた。

　15〜16世紀、瀬戸内海の海運業者の慣習法を成文化したものである、『廻船式目』には三津七湊の一つに「秋田湊」が重要な湊として登場する。このことから、古くからの海運交易の港として、大坂から北海道までのさまざまな文化、物品の交易により、秋田の発酵文化も発達してきたと考えられる。

◆主な発酵食品

醤油　マルイチしょうゆみそ醸造元（由利本荘市）、東北醤油（大仙市）、旭醤油味噌醸造元（大仙市）、内藤醤油店（横手市）、山勢醤油醸造店（湯沢市）、三浦醤油店（潟上市）などがある。

味噌　秋田は米どころであり、米麹の割合が高く贅沢な味噌が多い。地域によって、米の旨みを楽しむタイプ、大豆の旨みを楽しむタイプなど種々の味わいが楽しめる。味は塩馴れしたやわらかな甘みと旨みが特徴的で、塩分もだんだん抑えめになってきている。

仙葉善治商店（秋田市）、那波商店（秋田市）、ヤマキチ味噌醤油醸造元（由利本荘市）、伊富味噌醤油店（大仙市）、安藤醸造（仙北市）、畑良商店（横手市）、石孫本店（湯沢市）、小玉醸造（潟上市）、諸井醸造（男鹿市）などがある。小松糀屋、須田糀店、黒澤糀屋、麹屋近野商店、大関糀店、佐々木こうじ店などでは、味噌の製造のほか、麹の販売も行っている。

日本酒　秋田県の酒造業の歴史は古く、県内38の蔵元のうち創業100年以上の蔵元が27を数える。米どころである秋田は、原料米の確保が容易で、寒冷積雪の冬が長いことから水にも恵まれるなど、日本酒造りにとっては好条件であったため県内各地に多くの酒造業が興った。

県内最古の蔵元は、1487（長享元）年創業の飛良泉本舗（にかほ市）であり、東北地方で1番（全国でも3番目）に古い蔵元として知られている。「きょうかい6号」酵母の発祥蔵である新政酒造（秋田市）のほか、秋田醸造（秋田市）、秋田酒類製造（秋田市）、浅舞酒造（横手市）、日の丸醸造（横手市）、刈穂酒造（大仙市）、鈴木酒造店（大仙市）、喜久水酒造（能代市）、小玉醸造（潟上市）、斎彌酒造店（由利本荘市）などがある。

ビール　秋田県産の、大麦、ホップ、水、酵母を使ったクラフトビールを造るわらび座（仙北市）のほか、「あきたこまち」を使っているトースト（仙北市）などがある。

甘酒　秋田の麹文化をさらに全国に広めるため、秋田県総合食品研究センターで、甘みが強くすっきりとした味わいを特徴とする新しい麹菌が開発された。この麹に「あめこうじ」という愛称を付け、麹の活用と新商品開発の支援を行っている。大潟村あきたこまち生産者協会（南秋田郡）、日の丸醸造（横手市）、福乃友酒造（大仙市）などで、さまざまなタイプの甘酒が製造されている。

納豆　　　納豆発祥の地という言い伝えもある秋田県では、粒納豆はもちろん、ひきわり納豆も好んで食べられている。ひきわり納豆は、既存の粒納豆を刻んだものではなく、大豆の段階で細かくしてから発酵して作られ、大豆の皮もなくご飯にもからみやすいため、幅広い年齢から愛されている。元祖檜山納豆（能代市）では、檜山城主安東秋田氏時代（1452年頃〜1602年）から代々製法を受け継ぐ、わらづと納豆を作り続けている。

しょっつる　　日本三大魚醤の一つに数えられており、ハタハタなどの魚に塩を加えて発酵、熟成させた伝統的な調味料である。薄い琥珀色をし、天然の旨み成分による芳醇な味と香りが特徴である。八森町にある漁師の女性たちにより結成された漁業協同組合女性部「ひより会」や、かがもく海産などで風味豊かなしょっつるが作られている。

いぶりがっこ　　「がっこ」とは秋田弁で漬物のことである。囲炉裏の上に吊るして燻したダイコンを、蒸した米、塩、酒、酢、ザラメなどで本漬けにした燻製沢庵である。2019（令和元）年に特定農林水産物等の名称の保護に関する地理的表示（GI）産品に指定された。

なた漬け　　　ダイコンをなたで適当な大きさに切り、塩で下漬けした後、甘酒、砂糖で漬け込んだものである。ダイコンを刃の厚いなたでざっくり切ることからその名前が付いた。

ナスの花ずし　　ナスに塩と麹、菊の花を重ねて作る、見た目もきれいな県南地域の伝統的な漬物である。

みずの実漬け　　山中の湿地で採れる山菜であるウワバミソウ（秋田では「ミズ」と呼ばれる）の実を醤油に漬けたものである。ミズのコブ漬けとも呼ばれる。

◆発酵食品を使った郷土料理など

はたはたずし　　飯ずしの一種であり、塩漬けにしたハタハタを米飯と麹をふんだんに使っているのが特徴の秋田のハレの日の定番料理である。三浦米太郎商店（にかほ市）では、昔ながらの伝統を重んじて、フノリ、ニンジン、ユズ、麹などを加えて1カ月間漬け込んで作られている。

しょっつる鍋　　ハタハタなどの魚と一緒に、豆腐、長ネギなどの野菜を入れ、しょっつるや酒で味付けをする秋田の冬の定番

鍋料理である。

きりたんぽ　潰したうるち米のご飯を杉の棒を先端から包むように巻きつけて焼いたたんぽ餅を、棒から外して食べやすく切った秋田を代表する郷土料理である。味噌をつけて焼くなどして食べる。きりたんぽ鍋は、鶏（比内地鶏）ガラのだし汁に入れて煮込んだものである。

納豆汁　山菜やキノコ、野菜をふんだんに入れた納豆汁は、子どもから大人まで好んで食べられている。秋田県では、粒の形がなくなるまですり潰して入れることが多い。大仙市では、地域活性化のため「納豆汁」でまちおこしを行っている。

◆特色のある発酵文化

種麹屋　麹は、日本酒、味噌、醤油などの製造に欠かせないものであり、麹菌の胞子を蒸した米の上に接種して造られる。この麹菌の胞子のことを種麹と呼んでいる。よい種麹がなくては、よいお酒も醤油もできない。種麹を専門に製造販売している会社は、全国でも約10社程度と少なく、東北地方では秋田今野商店（大仙市）だけである。秋田の発酵文化を古くから支えてきた会社ということがいえる。現在は、全国の醸造会社に種麹を販売している。

発酵の町横手　横手では昔から米の生産量が多く、米から作られる麹の文化が盛んであった。海が遠く雪深いという地理的条件も、食品を保存させるための生活の知恵として、麹を使用した発酵技術が横手に根付いたといわれている。2004（平成16）年に、「発酵」をキーワードとして、市民、民間企業、行政が連携し、夢と希望をもって暮らせるためのまちづくりを目指すことを目的に「よこて発酵文化研究所」が設立され、2008（平成20）年には「全国発酵食品サミット in 横手」が開催された。発酵の町で生まれた「甘酒チーズケーキ」など新しい発酵食品が販売されている。

増田の町並み　古くから交通や経済の要所だった横手市増田は、秋田藩と仙台藩を結ぶ脇街道の中継点であったため、物資の集散地として栄えた。中七日町通りには、古い酒蔵など今も往時の面影が残っている。増田の町並みは、国の重要伝統的建造物保存地区に選定されている。成功の証として造られたといわれている内蔵は主屋の後方に建ち、

主屋と内倉を接合する「鞘建物（さやたてもの）」によって覆われている。家の中に蔵がある理由は、冬の豪雪から蔵を守るためで、現在、地区内では45棟の内蔵がある。日本酒を造る日の丸醸造にも内蔵があり、見学することができる。

◆発酵にかかわる神社仏閣・祭り

沼館八幡神社（納豆神社）（横手市）

雄物川地区にある小さな神社で、秋田の納豆発祥はここから始まったといわれている。「八幡太郎義家」を祀るこの神社では、毎年9月の第3土曜日に、奉納された納豆が売られる。

◆発酵関連の研究をしている大学・研究所

秋田県立大学生物資源科学部応用生物科学科

日本酒の味に関する成分や酵母に関する研究が行われている。また、2009（平成21）年から日本酒開発プロジェクトを行っており、醸造学を専攻する学生を中心に、酒米の収穫から酒造りまでを行い、純米吟醸酒「究」を販売している。

和菓子 / 郷土菓子

雛っこ餅

地域の特性

東北地方の日本海側に面し、隣県には青森、岩手、宮城、山形がある。東の県境を奥羽山脈と那須火山帯が縦走し、温泉地も多く、北の県境には世界自然遺産の白神山地がある。南の県境には名峰鳥海山がそびえている。

気候は典型的な日本海型気候で、冬は北西の季節風が強く、降水日数も多く日照時間は全国最下位。降雪日数は全国第3位である。

海岸部には県内3大河川の米代川、雄物川、子吉川がつくり出した穀倉地帯の大きな平野が広がっている。

県庁の所在地秋田市の人口は、東北では仙台市に次いで2番目である。だが、近年は「限界集落（高齢者が半数を超え、社会的共同生活が維持できない）」の問題を抱え、さらに高齢者の自殺率も高い。朗報は、子供の全国学力テストが例年トップクラスであり、2004（平成16）年開学の「英語で学ぶ大学・国際教養大学」は、大きな注目を集めている。

地域の歴史・文化とお菓子

料理と菓子の狭間・鹿角の「けいらん」

県北鹿角地方に伝わる「けいらん」は、その名のとおり茹で卵のような形をした丸餅入りのお澄ましである。この丸餅は、米粉をやわらかく捏ねて皮を作り、中に黒砂糖、粒胡桃、山椒を潰した物を少し混ぜて丸め、皮で包んだ物だ。これを熱湯で茹でて冷水に取り、お椀に2つ並べて三つ葉や茸を盛りつけ、あらかじめ作って置いた醤油味の澄まし汁（昆布や椎茸の出汁）をかける。昔から精進料理や不祝儀の1番吸い物に出される格式高い料理である。

この料理は、岩手県を中心とした旧南部藩領内に伝わるものらしく、現在も遠野地方や青森県の下北半島、また南部の人が渡り住んだという北海道の江差地方に残されており、鹿角地方もかつては南部藩領に属していた。

鹿角では丸餅に黒砂糖を包むが、他の地方では砂糖を効かせた餡を入れている。料理なのかスイーツなのか判断しかねる逸品である。

「けいらん」は室町時代の「鶏卵羹（汁饅頭）」か

　安土桃山時代に出版された『日葡辞書』（日本語と葡萄牙語の辞書・1603〈慶長3〉年刊）に「けいらん」があり、「米の粉で玉子の形に作り、中に砂糖をいれた食べ物の一種」とある。さらに40年後に出版された『料理物語』には（要約すると）「米粉を水で捏ね、中へ黒砂糖を包み、きん柑ほどの丸さにまるめて煮る。汁はうどんと同じ。」とあり、醤油が普及する以前、うどんの汁は「煮ぬき」といって味噌味の麺つゆ、または垂味噌（味噌を水で溶いて煮詰め、布袋に入れ滴りを取った汁）に胡椒などの薬味を添えて食す。

　まさに鹿角の「けいらん」は『料理物語』の「けいらん」だが、禅僧が中国から伝えた「点心」の1つの「羹」であった。「羹」は熱い汁に入った蒸し物で種類が48羹あり、その中に鶏卵羹があって、どうやらそれのようである。

薬味を添えて食べる饅頭

　室町期の料理書『大草殿より相傳の聞書き』に「饅頭の食べやう。汁を受けて下に置き、下座を見合せ箸をあげ、左の手で饅頭をとり箸に持ち添へて二つに割り右の方を下に置き、左の方を餡を下にして二口づつ食べる……。右で箸を持ち添へて汁を吸ふ。二度目にはにごし（薬味）を汁に入れて吸ふ……。」とある。

　遠野市地方で、お椀の中の餡入りの丸餅は「必ず真ん中を割って食べる」という言い伝えがある。先の食法と一致するところがあり、南部地方に伝わる「けいらん」の奥深い歴史に興味が尽きない。

　なお、「けいらん」は他の地方にもあり、九州の長崎県や佐賀県地方の「けいらん・けえらん」は、米粉などを捏ねて方形にして漉し餡を巻いた「餡巻」状のもので、汁はない。

> 行事とお菓子

①大館の「飴っこ」市

　かつての小正月（1月15日）行事で、この日に飴を食べると風邪を引かないといわれる。現在は2月第2土用と翌日に行われ、昔から飴っこ市

には雪が降る。それは山から神様（白髭大神）が飴を買いに降りて来て、帰る際にその足跡を隠すために吹雪を起こすと言い伝えられてきた。おおまちハチ公通りには100軒以上の飴屋の屋台が並び、稲穂に見立てた「枝飴」「犬っこ飴」「甘酒飴」など売られ、人々の熱気が寒さを跳ね除けている。豊作祈願の「枝飴」は、ミズキの枝に色とりどりの飴が付けられ花が咲いたようにきれいであるである。

②湯沢の「犬っこ」祭り

　2月の第2土用・日曜に行われるイベントだが、これも小正月行事であった。米粉で作った犬っこや鶴亀を盗難除けに家々の戸口に供える民俗行事で、昔は小正月が終わると子供たちが集めてアラレにして食べたのである。今は飾るだけである。イベント広場には大きな犬の雪像や祠がつくられ、「犬っこ作り」名人がお店を並べている。会場では米粉の犬っこを蒸す白い湯気が、もうもうと上がって何とも暖かである。

　江戸期の民俗学者・菅江真澄翁の『小野のふるさと』には、この行事を「鳥追い」と記され、田畑に害をする、留鳥の鳥を追い払う子供の行事である。また同書には「犬、猫、花、紅葉、などかたどって割り子（木の弁当箱）に入れて子供たちが家ごとに配って歩いた」とあり、これを「鳥追い菓子」と記している。

③田沢湖と角館地方の「雛っこ餅」

　冬の長い東北の人たちにとって、待ち遠しい春を迎える雛祭は子供も大人も楽しみな行事である。現在の仙北市地方にはもち米粉を練って餡を包み、表面に着色した餅生地で梅や向日葵の花、瓢箪や手まりといった図柄を愛らしく模様にした手作り餅がある。ササの葉にのせるので「笹っぱ餅」というが「雛っこ餅」ともいってお雛様に供え、昔は自家製だったので子供たちが家々を回って貰って歩く風習があった。現在でも「雛っこ餅」は、角館の在の農家のおばあさんたちが手作りし、町で売っている光景がみられる。

④亀田地方の雛節供の「椿餅」

　由利本荘市の亀田地方では、女児の初節供に「椿餅」を重箱に詰めて親類縁者に配る習わしがある。春まだ残い山に分け入り、採って来た藪椿の葉に、餡を包んだ真っ白な丸い餅、上部には赤く染めた道明寺粉で彩られている。日の丸のような紅白の餅である。

菅江真澄翁の『粉本稿』には「出羽では春のはじめに椿の葉うらに餅を盛りて売るあり……」とあり、図絵も記されている。城下町亀田地方には、まだ菅江翁の江戸の風情が残されている。

　亀田の観光施設「天鷺村」では、雛祭りが近づくと椿餅作りの体験教室が開かれ、椿餅作りが盛んである。

⑤秋田・馬口労町の草市と盆菓子のトロンコ

　草市は8月12日にお盆のお供えを売る露店市。一際目を引くのが精霊棚のお供えを売る店で、今採って来たばかりの蓮の葉に秋田独特の真っ赤なジョミ（ガマズミの実）、ハマナスの数珠、酸漿、青林檎、なし、ささげ、昆布などが盛られ、若い娘さんが母親と一緒に売っている姿も実に美しい。トロンコはお菓子の灯籠で、仏壇の前に吊り下げて飾るもの。赤、黄、青に染められた米粉製の蓮華や小さな手桶、梵鐘などで、今は食べられないが大事なお供えである。

知っておきたい郷土のお菓子

- **雲平巻**（秋田県下）　雲平粉（餅を白焼きして製粉した物・寒梅粉）に水を加えよく捏ね、摺り胡麻や抹茶で渦巻き状にした巻き物。餡入りの昔ながらの「雲平鯛」は秋田の祝儀菓子。もちもちした食感が独特。
- **山科**（湯沢市）（仙北市）　山科粉（精白もち米を水に浸け水切り後、蒸して乾燥したものを粉砕して煎った粉・上南粉）に砂糖水と乾燥紫蘇の粉末を加え、よく混ぜ木型に入れたり巻き物にする。最近は、雛祭りの菱餅にも山科粉が使われている。シャリシャリとした食感の伝統菓子。
- **なると餅**（仙北市）　旧角館地方の郷土菓子。半搗きのもち米で漉し餡を包んだ梅花型の餅で、上部が黄色く色付けされササの葉にのった愛らしい餅。
- **えびす餅**（仙北市）　旧角館地方の郷土菓子。もち米粉に黒砂糖を混ぜてよく練り、握った手指のあとを残した飴色の餅で中に餡が入っている。ササの葉にのっている。
- **明けがらす**（大館市）　寒天と砂糖を混ぜた「寒氷」に胡桃を散らしたもので、暁の空に飛ぶ烏の姿から名付けられた大館地方の名菓。岩手県の遠野地方にも同名の菓子がある。
- **秋田諸越**（秋田市）　秋田の代表的銘菓。上質の小豆粉と上白糖、和三

盆糖を水で練り固め型に入れ、乾燥させて焼いたもの。小豆落雁<ruby>あずきらくがん</ruby>ともいう。老舗の杉山寿山堂には「雲平巻」など秋田の郷土菓子もある。

- **さなづら**（秋田市）　秋田県下では山葡萄を「さなづら」といい、風味豊かな濃縮ジュースを寒天で固め薄く延ばしたもの。菓子舗榮太楼の銘菓。
- **豆腐カステラ**（大仙市）　旧大曲地方の冠婚葬祭料理の口取り。作り方は水切りした木綿に少量の魚のすり身、砂糖、卵白を加えて形を整え蒸した物を、卵をベースにした3種の焼皮で簣巻きにする。切り分けて食す。
- **ふきどり餅**（大仙市）　黄な粉餅のことで、旧横手地方の言い伝えで正月15日（小正月）の夜、これを食べると大吹雪にも凍死しないという。
- **三杯みそ**（大仙市）　「みそ」とは仙北地方で餅のこと。米粉、麦粉、白玉粉を各茶碗一杯ずつに小豆餡を加えて練り上げて蒸した餅。
- **ねばなみそ**（秋田県下）　「ねばな」は蕨の根から取った澱粉で、みそは餅で蕨餅のこと。江戸末期の飢饉の際に作ったのが起源とされる。
- **すまし餅**（秋田県下）　「すまし」は味噌汁の上澄み液だが、現在は醤油のことでザラメと煮溶かし、米粉（すまし餅粉）の餅に加えて蒸したもの。

乾物 / 干物

秋田極太
ぜんまい

地域特性

　秋田県は日本海に面し、山形県や新潟県と同様な気候風土を持つ。冬季には対馬暖流が運ぶ冷たい風が奥羽山脈に流れ込み、雪を降らせる。秋田県は全域の90％が特別豪雪地帯に指定されるほど雪が多く降り積もり、冬期間は日照時間が全国で最も少ない県である。日本海沿岸部と内陸部とでは温度差は大きく、奥羽山脈系の山々からの季節風によるフェーン現象で夏は猛暑で大変熱く冬は寒いなど四季の変化が激しい地方である。

　八郎潟の干拓もあり、「あきたこまち」をはじめとする全国有数の米の産地でもある。酒造り、果樹園芸も盛んで、内陸部は栗駒高原、宮田高原、田沢高原と山間地からの農産物、山菜二次加工品、海からの魚のハタハタの漁獲など多彩である。農産加工品として、日本三大うどん秋田稲庭うどんが有名である。

　歴史的に出羽の国と陸奥の国の一部からなり、名前の由来は、土壌が作物に向かなかったことから「悪田」が秋田に転じたという説があるが、定かではない。

知っておきたい乾物 / 干物とその加工品

赤目
あかもく

　褐藻類ホンダワラ科の多年草であるアカモクを乾燥した製品。男鹿半島の幸である赤目はフコダインを多く含む海藻で、磯の香りが強い褐藻綱ヒバマタ目ホンダワラ科の海藻である。秋田県ではギバサ、新潟県ではナガモ、山形県では銀葉草などの呼び名がある。日本海や太平洋の沿岸に冬から春にかけて発生・収穫され、市場などに出てくる。茎は円形だが、体長は1mから大きいものは5mにもなる。雌雄異株で、細かな気泡と俵型の小葉をつける。

　利用方法は、鍋に湯を沸かし、茹でる。鮮やかな緑色になったら、ざるに上げて水気を切る。そのままポン酢をかけたり、生ショウガ、麺つゆを

加えて、味噌汁、白飯、ざるそば、冷奴などと一緒に食べる。また、フコダインは口臭・体臭や成人病の予防効果があり、免疫力を高めるといわれる。さらに、モズクやめかぶと同様に花粉症、糖尿病、肥満の予防効果もあるといわれている。

ぎばさ

収穫期は例年5月の1か月間ぐらいである。秋田県男鹿半島近海で採れる海藻で、水深3～5m、海水温度14～15℃が目安となる。茹でると緑色になり、包丁でたたきカットするとねばねばが増す。卵の黄身、ポン酢などをかけて食べる。ビタミンD、カルシウムが豊富に含まれる食材である。

稲庭うどん

日本3大うどんの1つといわれている秋田稲庭うどんは、『稲庭古今跡誌』によれば、羽後の国雄勝郡稲庭村の佐藤市兵衛が陸奥の国（宮城県）の人であり、稲庭村に移り住んでその一族に製法を伝えたことから始まり、今から300年前に秋田藩主佐竹藩の御用を受けたと記録されている。

雄勝郡稲川町（現在は湯沢市）に伝わる稲庭うどんは、腰の強さと、手延べ製法で油を使わず打ち粉を使うため滑らかな舌ざわりが特徴で、人気のある商品になった。

製法は手延べである。全工程が手作業に頼り、稲庭独特の秘伝製法を保っているのが特徴でもある、

＜製造工程＞

① 練る：栗駒高原山麓から湧き出る湧水を使い、小麦粉と塩を足踏みによって練る。

② 板切り：ガラス等の鉄板などに延ばし、まず板の上から太く切る。

③ 小巻：手延べでは粉引細目ともいう。細く延ばす。

④ なう：2本の竹の棒（鉄棒）などに8の字にかけると、力が均等になる。

⑤ 延ばし［つぶし］：ロール状の麺棒で、板の上で押し延ばす。

⑥ 乾燥：引きながらハタにかけて延ばす。

⑦ 裁断：家庭用、贈答用などにサイズを決めて裁断する。

秋田極太ぜんまい

秋田栗駒高原山麓の子安、皆瀬村産天然乾燥ぜんまいは乾物の王様である。細かい部分を取り除き、固い部分をカットする手もみ製法である。

秋田乾燥 蕨（わらび）　秋田鳥海山山麓で採れた天然乾燥わらびは、天日乾燥で、春先の限られた期間しか採れず、貴重な食材である。

秋田大豆リュウホウ　播種期の異なる「リュウホウ」の収量、外観品質は晩播が標播よりも安定して優れ、タンパク質含有量も高い。寒冷地である秋田県川連地方をはじめ晩播栽培の土地に高品質・安定生産作物として有効である。味噌や豆腐などの利用が多い。

秋田黒ささげ　日本では古く、平安時代からすでに栽培されていた「大角豆」の記録が残っているが、アフリカ原産のものが中国を経て渡来したといわれている。同種の赤ささげは主に関東以南の暖地で栽培されている。昭和30年代までは国内でも盛んに栽培していたが、以後は減少している。日本国内では赤ささげが多く、輸入豆には、白ささげも黒ささげもあるが、全国的には小豆に代わって赤飯などに用いられることが多い。小豆より皮が硬く、煮崩れしない。

　秋田県地方の方言で黒ささげを"てんこ小豆"と呼んでいる。名前の由来は明確ではないが、"てんこ小豆"は漢字で"天甲小豆"と書き、さやが天に向かって伸び、強固である様子から、この名が付いたのではないかと推測される。「ささげ」の名は、さやが供物を捧げるように上を向いていることに由来するという説もある。この黒ささげで作る赤飯は黒紫色になる。

III

営みの文化編

伝統行事

なまはげ

地域の特性

　東北地方の北西部に位置する秋田県は、北は白神山地、東は奥羽山脈、南は丁岳山地・神室山地に囲まれ、西は日本海に面する。山々からは、米代川・雄物川・子吉川が流れ出し、流域に能代平野・横手盆地・秋田平野などを形成している。青森県境の白神山地は、ブナ林などの自然が豊かで、世界遺産にもなっている。

　夏は梅雨の影響が少なく、比較的降水量が少ない。冬は、北西の季節風により11月から3月までの半年間は雪に囲まれた生活を余儀なくされる。沿岸部は、対馬海流の影響で内陸部に比べると暖かいが、内陸の山間部は多雪地帯である。それらの雪解け水が平野部を潤し、日本有数の米どころとなっている。また、全国有数の木材生産量である。

行事・祭礼と芸能の特色

　秋田県各地には、近年まで伝統的な行事・祭礼・芸能がそれぞれによく伝えられてきている。全国的にみても、その多様さは特筆すべきことである。神社や寺仏に関係してのそれも多いが、「かまくら」とか「なまはげ」のように集落ごとの民俗行事も多い。

　秋田県下の代表的な民俗芸能だけをとりあげてみても、以下のようなものがある。大日堂舞楽（鹿角市）、保呂羽山の霜月神楽（横手市）、西馬音内の盆踊（雄勝郡）、毛馬内の盆踊（鹿角市）、根子番楽（北秋田市）、小滝のチョウクライロ舞（にかほ市）、おやま囃子（仙北市）、秋田万歳（秋田市）、綴子の大太鼓（北秋田市）、猿倉人形芝居（北秋田市ほか）、本海番楽（由利本荘市）など数多い。

大日堂の舞楽

鹿角市八幡平地域に約1,300年前から伝わる県内最古の舞楽。1月2日（もとは正月元旦）、大日堂（大日霊貫神社）のまつりに奉納される。昭和51（1976）年、国の重要無形民俗文化財に指定された。

舞楽をつとめる人を能衆といい、4地区の氏子35名からなる。能衆は、まつりの1カ月前から斎戒沐浴して身を清める。2日の夜明け、各部落の宿で舞台元の舞として、予行的に舞ったあと、権現（獅子頭）を納めた箱を奉じて行列を整え、舞楽に用いる太鼓・笛・幣束・ササラ（竹製の打楽器）、鼓などを持って大日堂に集まるのである。

4部落の能衆が堂の前にそろうと、各々舞を行なったのち、堂上の柱の周りで乱舞する「揉押し」の作法を行なう。次いで、能衆全員が堂に上がり、本舞をおさめる。

本舞は7種ある。舞は、集落ごとに分担されていて、ほかの集落の人が舞うことは許されない。大里が駒舞（作り馬を腰につけて2人が手綱をとり、駒頭を振りながら足拍子を踏む）・鳥舞（鳥兜をつけた3人の舞）・工匠舞（ノミをかたどった木片を持って4人が舞う）、小豆沢が権現舞（獅子舞）と田楽舞（小鼓・太鼓・ビンザサラ2人が舞う）、そして、長嶺が烏遍舞（六人の刀舞）、谷内が五大尊舞（金剛大日・胎蔵界大日・普賢・八幡・文殊・不動の面をつけた者が刀を手に2列で舞う）を担当する。すべて奉納されるまで約2時間を要する。

能衆は大人が多いが、鳥舞は、小学生3人によって舞われる。ほかに、権現舞の獅子の尾を持つのも小学生である。能衆の選出は、集落ごとに決まりがあるが、世襲であることが多い。

大曲 の綱引きと花火

大曲地方には正月と盆に特筆すべき行事がある。

大曲綱引きは、諏訪神社（大曲市）の正月行事で、現在は、2月15日に行なわれている。

綱をシシャ（蛇）にみたてて、これを神の使いとして崇める。当日は、シシャを慰めるための鳥子舞を奉納したあと、近郷から集まった人びとがこの綱を引く。綱は、直径60センチ、長さが200メートル近くもある大綱

で、これを参加者数百名が上丁・下丁の2つに分かれて引き合う。「穂や、穂やヨウ」という掛声をかけあいながら勝負を競い、結果、上丁が勝つと米の値が上がり、下丁が勝つと豆の値が上がるとか、上丁が勝てば米が豊作、下丁が勝てば豆が豊作、などとする年占行事である。享保14（1729）年からはじまった、と伝わる。なお、この地方は、一般に綱引きがさかんで、ほかにも浮島神社（大仙市）の綱引きが名高い。

「大曲の花火」は、現在、8月の第4土曜に行なわれている。明治43（1910）年8月26日・27日に、諏訪神社において「（奥羽）六県煙火共進会」として開催されたのがはじまり、といわれる。大正4（1915）年には、「全国花火競技大会」と名称をかえ、大会の規模もしだいに大きくなっていった。途中戦争による中断や災害のために存続が危ぶまれた時期もあったが、いまでは、全国の花火師が目標とする権威ある競技大会となっている。

この大会の特徴は、花火をつくった本人が打ち上げなければならないこと。また、内閣総理大臣賞や経済産業大臣賞などの各賞が授与されることである。毎年、雄物川の川原で、夕方5時ごろから昼花火、夜7時ごろから花火約1万発が大々的に打ち上げられ、夏の夜空をいろどる。

かまくら　2月15日から16日に行なわれる小正月の子ども行事。秋田県にかぎらず東北各地にみられるが、とくに横手地方のかまくらが有名である。

雪で陶器を焼く窯に似た洞のかたちの正月小屋をつくり、そこに水の神を祀った祭壇を設ける。そして、子どもたちは、祭壇に供物を供え、燈明を灯したあと、餅を焼いて食べたり甘酒を飲んで楽しむ。

そのあと、子どもたちは、「鳥追いに来ました」といって、農家を一軒一軒まわって鳥追いの行事をする。農家では、「よく来てくださいました。お大儀ながら追ってくだされ」といって、鳥追い歌を歌ってもらう。

小正月行事としてよく知られるトンド（左義長）は火祭りだが、かまくらでは水の神を祀る。冬は水が不足する季節だから、という。また、水が枯れることなく稲作が順調に行なわれるように、との願いがこめられてもいる。

竿灯　8月6日に行なわれる秋田市内の七夕祭。俗に、「眠り流し」ともいう。角館（仙北市）でも行なわれる。

竿灯は、6間丈（約10メートル）くらいの竹竿に横竹を張り、そこに46

個、あるいは48個の提灯を9段に吊りさげたもの。提灯には、「七夕」か「若」という文字が記されている。重さは10貫（約37キロ）余りもある。

　その竿灯を、法被に鉢巻姿の若者たちが肩や額や顎の上にのせ、曳き太鼓の音にあわせて、「オウエタサッ」「ドウドッコイショ」といったかけ声をかけながら町中を練り歩く。夜になると、広小路から千秋公園に集まり、各町内同士で技を競い合う。

　いまでは、竿灯も担ぎ手の衣装も華やかになり、すっかり観光行事として定着している。もともとは、眠りながしの名が示すように、青森のねぶたなどと同様に、睡魔を払い送る七夕や盆の流し行事のひとつであった。現在のように盛大になったのは、旧藩主の29代佐竹義和が、それを城中から見る慣例をつくって以来のこと、と故事に伝わる。

西馬音内盆踊　毎年8月16日から18日まで西馬音内本町通りにおいて行なわれる盆踊。阿波踊（徳島県）、郡上踊（岐阜県）とあわせて三大盆踊と称されている。昭和56（1981）年、国の重要無形民俗文化財に指定された。

　そのはじまりは定かでないが、一説には、慶長年間（1596～1615年）にこの地方の領主であった小野寺氏が、最上の城主最上義光に滅ぼされたので、小野寺氏の子孫が先祖の亡霊を慰めるために亡者踊を行なったのがはじめ、という。

　広い道路に数カ所篝火を焚き、それをめぐって女性を中心に大勢が踊る。踊りの輪の外には屋台が設けられ、その上で男たちが地口と呼ばれる即興的な歌や、甚句と呼ばれる民謡を歌い、笛・太鼓・鼓・三味線・鉦を囃す。踊り子は、彦三頭巾と呼ばれる黒い袋のような布をすっぽりとかぶって目だけをだす。これは、招かれてきた精霊の姿をあらわす、という。そのほか、お高祖頭巾をつけたり頬かぶりをする人もいるし、子どもたちは紫の布を頭に結んだりする。

　踊り方には、音頭と願化の2種類がある。囃子が勇壮であるのに対し、その踊りは優雅で流れるように美しく、その対照が、この盆踊の特徴にもなっている。なお、夜更けて踊られる願化は、亡者踊ともいい、この踊りによって精霊が昇天するといわれている。

なまはげ　男鹿半島の村々に伝わる行事。現在は、12月31日に行なわれるが、もともとは、1月15日の小正月の行事であった。

鬼の面をつけ、蓑を着て笠をかぶった村の青年たちが、木製の包丁や鍬、手桶を持ってウォーウォーと大声をあげながら一軒一軒を訪れる。家では、主人が正装をして出迎えるが、鬼は神棚に参ってから、「怠け者の子どもはいないか、火にあたってばかりいて働かない子どもはいないか」と、家中を歩きまわったあと、酒と餅の振る舞いをうける。怠け者をこらしめ、その家の子どもたちが健康に幸せになるよう災いを払う行事である。

ナマハゲの語源は、ナマミハギ、といわれる。ナマミとは、働かないで囲炉裏（火）に長時間あたっているとできる火だこ（低温やけど）のことで、これを引きはぐナマミハギ（怠け者をはぐ）がなまってナマハゲになった、といわれている。

なお、なまはげと同様に、古く農村では、村人とは異なる様子をした来訪者を「まれびと」といって、とくに正月に歓迎する風習があった。まれびとの訪問は、幸福をもたらしてくれる神、つまり歳神（その年をつかさどる神）が姿を変えて来てくれた、と信じられていたからである。

ハレの日の食事

秋田の正月の祝い魚は、ハタハタである。鱗に富士山に似た模様がみえることから縁起がよいとして珍重されてきた。なかでもよくつくられるのがハタハタずし。これは、佐竹藩時代から続く伝統食で、武家の家庭では必ず正月につくられた、という。

新米がではじめるころになると、「きりたんぽ」がごちそうの主役となる。収穫祭や誕生祝いなどの行事やもてなしに欠かせない。もともとは、マタギや木こりがわっぱ（曲げものの器）に入れた弁当の飯をこねて棒の先につけて焼き、山鳥の汁に入れて食べたもの、といわれる。江戸時代、巡察に来た花輪の藩主にこれを献上したところ料理の名前を尋ねられ、かたちが稽古槍の頭につける「たんぽ」に似ていて切って使うことから「きりたんぽ」とこたえた。以来、その名が広まった、という。

2月4日に、金浦漁港で行なわれる「掛魚祭」という豊作祈願のまつりでは、タラの「ただみ鍋」が食される。大ダラを神前に奉納したのち、それをおろしてたら鍋（昆布だしでタラを煮て、最後に生ワカメを加える）をつくり、関係者や見物客にも配られるのである。

寺社信仰

太平山三吉神社

寺社信仰の特色

秋田県の寺社信仰は、『日本書紀』の658年の記事に恩荷という人が齶田浦神を信奉している内容がみえるので、生業にかかわる場所の神々を祀る社殿が既に建てられて始まっていた可能性がある。齶田は秋田のことで、雄物川の河口域が浦となっており、その要衝に8世紀に出羽柵（秋田城）と出羽国府が移されたと考えられている。

県内最多の初詣客を集めるのは秋田市の太平山三吉神社といわれるが、それは秋田市の北東にそびえる太平山への信仰を基盤にしている。1月17日には数十の若衆団体が激しく押し合いながら梵天を奉納する祭があり、俗に喧嘩梵天とよばれている。大祭は10月17日で、神体は7月17日に山頂の奥宮へと遷し、9月17日に里宮へと遷される。

太平山は鳥海山や森吉山と同様に修験の山であり、薬師如来が祀られてきた。秋田県には薬師信仰が多くみられ、角館には院内薬師・白岩薬師・山谷薬師の「峰の三薬師」への信仰がある。

男鹿半島の赤神神社も真山神社も本地仏は薬師如来であった。〈男鹿のナマハゲ〉†は山の神が里に降りて怠け者を戒めるともいわれ、古来の山への信仰に新たな修験の信仰が習合したものと理解できる。

式内社は県内に平鹿郡の鹽湯彦神社と波宇志別神社、山本郡の副川神社の3社のみで、秋田藩三国社と崇められたが、それらは横手～金沢柵～大曲という奥州の要地を三方から包むように位置していたと考えられ、盆地に暮らす人々が周囲の山々に加護を祈った民俗をうかがわせる。

秋田県には14世紀以降に曹洞宗が普及したことから、にかほ市の蚶満寺や横手市の大慈寺、能代市の倫勝寺など多くの古刹が宗を改め、久保田城の佐竹氏も帰依するなどした結果、現在も曹洞宗寺院が多い。

現在、久保田城址には平田篤胤と佐藤信淵を祀る彌高神社が、秋田城址には県内戦没者を祀る護国神社が建てられて参拝者を集めている。

主な寺社信仰

大日霊貴神社
おおひるめむち

鹿角市八幡平。鹿角郡総鎮守。継体天皇が后の吉祥姫の霊を慰め、姫の親であるダンブリ長者の徳を頌えるために創祀したと伝える。そばには姫の墓と吉祥院があり、東の五ノ宮嶽には天皇と后の子、菟皇子（第5皇子）が祀られている。後に行基が再建し、その落慶式で奉納された芸能が、ユネスコ無形文化遺産の〈大日堂舞楽〉†の始まりという。今も1月2日の祭堂（養老礼祭）に小豆沢・大里・長嶺・谷内の4集落の能衆が権現舞・駒舞・烏遍舞・五大尊舞など7つの舞を奉納する。本尊は胎蔵界大日如来で、長牛の金剛界大日如来、独古の遍照胎蔵界大日如来とともに一木三体の像と拝された。昔は五ノ宮嶽・皮投嶽・三倉山を掛ける「嶽参り」が盛んで、今は春のシメ彼岸に五ノ宮嶽の峰伝いに火を灯して吉凶を占う〈小豆沢のオジナオバナ〉が行われている。

幸 稲荷神社
さきわい

鹿角市花輪。皮投嶽の麓に鎮座。花輪の城下に赤鳥居、中心に御旅所がある。鹿角郡役所が置かれた花輪通の総鎮守。伊勢両宮の分霊を得て創祀したと伝え、現在は豊受姫命を祀る。1960年から合同で例祭を催している六日町の神明社には天照大御神が祀られ、その大鳥居の脇には御伊勢戸井がある。例祭は8月16日に神輿が御旅所へ渡御し、8月19日から〈花輪祭の屋台行事〉†があり、8月20日に還御する。豪華な底抜け屋台10基が、19日夕方の御旅所詰めから20日深夜の赤鳥居詰めまで断続的に町内を巡る。巡行中は日本三大囃子の一つ〈花輪ばやし〉が演奏され続ける。花輪祭は、昔は毛馬内の月山神社と隔年で催されていた。今では毛馬内の8月は秋田三大盆踊りの〈毛馬内の盆踊〉†で賑わう。

浅内神社
あさない

能代市浅内。浅内小学校の北、字上ノ山に鎮座。健速凌雄命と誉田別命を祀る。1675年、能代市河戸川にある熊野神社の別当、観嶺山大塚寺が当地に別院を設けたのが始まりで、1690年には現宮司浅野家の初代、福性院尊永が鎮守として熊野神社を創建し、別当を務めたという。境内には神明社・唐松社・受持神社と、1887年建立の可愛らしい狛犬がある。例祭は7月27日。12月31日の夕刻には地元の若者が当社で御祓いを受けた後、〈能代のナゴメハギ〉‡を行っている。稲

藁で編んだケラを身に纏い、番楽で使う山ノ神などの恐ろしげな面をつけ、鉦や拍子木を打ち鳴らしながら集落内百数十軒の家々を訪ね歩く。「ウォー、ウォー、泣ぐワラシっこ、いねがー」と大声で叫びながら家に上がり込み、子どもを見つけ出しては「親の言うこと聞いでらがー！」などと詰め寄る。

森吉神社

北秋田市森吉。森吉山（秋田山）の前嶽に鎮座。少名比古那命などを祀る。里宮は北秋田市前田にある。一山は修験道場として栄え、古くから阿仁地方の霊山として信仰されてきた。社の裏にある巨岩群が神体の冠岩で、山神様とよばれて、胎内潜りが行われた。卯月八日には7日の精進を経た若勢が団体で嶽参りを行い、神木のモロビの枝を得て里に持ち帰る風習もあった。阿仁のマタギは山に出るとき、このモロビを焚いて家や身を清め、魔除け・災難除けとした。山の西麓にはマタギ発祥の地である根子の里がある。根子の山神社（少彦名大神）の祭りも卯月八日で、今も伝承されている修験神楽の〈根子番楽〉†だけでなく、相撲なども奉納された。なお、南の麓にある打当温泉ではマタギ資料館を併設して、〈阿仁マタギの狩猟用具〉†を展示している。

土崎神明社

秋田市土崎港中央。出羽湊城の本丸跡に鎮座。北国七湊に数えられた秋田湊（土崎湊）の総鎮守。天照大御神を祀る。1602年に佐竹義宣が常陸から秋田へ転封された際、旧臣の川口惣次郎が後を追い氏神を邸内に遷したのが始まりで、1620年に現在地へ遷座した。境内の西宮神社は事代主神を祀り、秋田七福神の恵比寿霊場となっている。例祭は7月21日で、地元では大祭り、みなと祭り、カスベ祭りなどとよばれる。奉幣と湯立ての神事の後に神輿が渡御し、これに合わせて〈土崎神明社祭の曳山行事〉†が行われる。曳山は毎年つくり替えられ、台車の上に岩山を象り松や杉の生木を立て、武者人形やヤマツゲを配する。巡行中は囃子に合わせて若者や子どもが手踊りを披露する。その定番は秋田（久保田）城下発祥の軽快な秋田音頭（御国音頭）である。

東湖八坂神社

潟上市天王。八郎潟の南端、船越水道の東に鎮座。近世は牛頭天王社と称し、秋田十二社に数えられた。7月7日の例祭は船越地区と共同で〈東湖八坂神社のトウニン（統人）行事〉†を行う。朝に天王と船越の統人による七度半詣りがあり、午後に両地区から神輿の渡御があり、天王からは牛乗り、船越からはチョマンが登

場する。酒部屋から酩酊状態で黒牛に乗るのは祭神の素戔嗚尊で、八郎潟に浮かぶ船上で蝶舞（蜘蛛舞）を演じる真紅のチョマンは八岐の大蛇または櫛稲田姫であるという。八郎潟は昔「魚七つに水三つ」と称されるほど魚類が豊富で、多彩な〈八郎潟漁撈習俗〉‡が営まれた。市では昭和歴史民俗資料館で多種多様な〈八郎潟漁撈用具〉†を収蔵・展示している。

桜神明社　　秋田市下北手桜。字宮ヶ沢に鎮座。天照皇大神と豊受姫大神を祀る。例祭は4月8日。由緒は不明。秋田市千秋公園にある八幡秋田神社が管理している。1969年3月、放火で焼失したが、秋田市千秋の大浦孝氏が総栗材の社殿を寄進し、9月に再建された。下北手桜は、その名のとおり桜の名所で、明桜高校には多くの桜が植えられ、桜大橋のあたり、太平川の堤防に並ぶ桜も美しい。社の北には日本大学理事会長の古田重二良が創設したノースアジア大学があり、附属施設の雪国民俗館では研究誌の『雪国民俗』を発行するほか、労働時に布で面部を覆う風習を伝える〈作業用覆面コレクション〉†や、ジュンサイ採りに使った〈大沼の箱形くりぶね（きっつ）〉†など、地域生活を伝える資料を収蔵・展示している。秋田では長方形の箱やフネ（槽／舟）を木櫃とよんでいる。

神明社　　仙北市角館町岩瀬。古く古城山に鎮座し、田町山を経て当地へ遷った。角館総鎮守。菅江真澄終焉の地でもある。天照大御神を祀り、境内には青麻神社がある。例祭は9月7日で北浦神楽の奉納があり、夕方から9月9日にかけては〈角館祭りのやま行事〉†がある。各町から曳き出された十数台の豪壮な飾山が続々と社に参詣し、秋田初娘が〈おやま囃子〉‡にのせて手踊りを奉納する。参拝後には曳山同士の激しい「山打っ付け」がみられることから、日本三大喧嘩祭りにも数えられ、9月8日は日中に神輿渡御祭があり、夕方には祭礼が角館町西勝楽町にある成就院薬師堂の宵宮へと移行し、9月9日の薬師堂本祭（真言僧が行う神輿渡御）で終了する。薬師堂は角館城主の戸沢能登守が眼病の折、城内に山谷薬師（峰の薬師さん）の遥拝所を建てたのが始まりという。

諏訪神社　　美郷町六郷。湧水群で著名な「水の郷」六郷の総鎮守。坂上田村麻呂が奉じた信州諏訪大神を払田柵の南に祀ったのが始まりという。1604年に現在地へ遷座。由利本荘市の本荘神社や横手市大屋寺内の諏訪神社は当社の分社である。1869年に羽後国総鎮守、1987年に秋田諏訪宮と称した。2月に行われる〈六郷のカマクラ行事〉†は、

六郷の地頭であった二階堂氏が伝えたといわれ、鎌倉幕府の小正月行事を
よく伝承している。蔵開きは２月11日で、各家では子どもが書初めをし
た五色の長大な短冊形の天筆を軒先に飾り、各町ではカマクラを設けて鎌
倉大明神を祀る。２月13日に鳥追い行事があり、最終日の２月15日には
社前のカマクラ畑に天筆焼きをし、町を南北に二分して竹打ちを行う。男
たちが５mの青竹を打ち合い、北軍が勝てば豊作、南軍が勝てば米の値が
上がるという。

波宇志別神社

横手市大森町。八沢木（夜叉鬼）地区にある。大和
金峰山の蔵王権現を勧請して金峰と称したのが始まり
と伝え、修験道で栄えた保呂羽信仰の本家。榜示で領域を分けた地と思わ
れる保呂羽山の山頂に本殿（奥宮）がある。秋田県内に３社しかない式内
社（秋田藩三国社）の一つで、現在は安閑天皇を祀る。東麓の木根坂には
里宮があり、その北の宮脇には国重文の神楽殿（弥勒堂・本宮）と資料館
が建つ。11月７日・８日に保呂羽・御嶽・高岳の神霊を勧請して五穀豊
饒を祈る〈保呂羽山の霜月神楽〉[†]は、湯加持や天道舞など古風な神事芸
を徹宵して行う日本最古の湯立神楽で、昔は神楽殿で奉納されたが、戦後
は里宮で実施されている。横手市は旭岡山神社の梵天奉納祭や、〈荒処の
沼入り梵天行事〉[‡]でも知られるが、当社でも昔は年頭に梵天が奉納され
ていた。

御嶽神社

羽後町西馬音内。字宮廻にある西馬音内の鎮守。13世紀
に源親が蔵王権現を祀り日本三大盆踊りの一つ〈西馬音内
の盆踊〉[†]を伝えたのが始まりと伝える。当初の盆踊は豊年踊であったが、
後に西馬音内城で滅亡した小野寺一族を供養する亡者踊と習合して、音
頭（秋田音頭と同じ口説で囃される）から甚句の踊（亡者踊／願化踊）に
移る形になったという。編笠か彦三頭巾で顔を隠し、その洗練された振付
は日本一と評される。1546年、仙北・由利郡の修験先達が横手御嶽山を
勧請して再興、維新後は明学院を現称に改め須佐之男命などを祀った。
今でも宮司は御院代とよばれている。社殿には珍しい赤白青の注連縄が掛
かる。この注連縄は境内にあるもと千手観音堂の前郷神社にも掛けられて
いる。境内には当地出身の経世家、佐藤信淵を祀る社などもある。

金峰神社

にかほ市象潟町。鳥海山の登拝口に鎮座。役行者が大和
の金峰山から蔵王権現を勧請祭祀した蔵王堂が始まりとい

う。後に慈覚大師が法華八講を修して鳥海山の手長足長を退治し、鳥海大権現（大物忌明神）を併祀したと伝える。現在は少彦名神ほか8柱を祀る。6月に演じられる〈小滝のチョウクライロ舞〉†は八講祭舞楽やタエシトンともよばれ、昔は旧暦3月17日に奉納されていた鳥海修験の延年である。象潟町には今も豊かな民俗が伝承されており、小滝の隣の横岡では〈鳥海山北麓の獅子舞番楽〉や〈上郷の小正月行事〉†が、海沿いの大澗では〈象潟の盆小屋行事〉‡などがみられる。横岡や小滝の獅子舞番楽は、由利本荘市鳥海町の百宅や猿倉に京都から伝えられた〈本海番楽〉‡から伝授されたという。百宅と猿倉は〈猿倉人形芝居〉‡の発祥地でもある。

伝統工芸

樺細工

地域の特性

　秋田県は東北の北西部に位置し、日本海に面している。海岸沿いに細長い平野では、米づくりが盛んで、能代平野、横手盆地、秋田平野は有数の穀倉地帯である。

　東は奥羽山脈が南北に連なっており、北は白神山地のブナ林、南は出羽丘陵で古くから豊富な森林資源に恵まれ、鉱山開発も行われた。能代湊や秋田湊はその集散地で、北前船の寄港地でもあった。南端の湯沢市は漆器や仏壇など地場産業が盛んであるが、平安時代前期の女流歌人にして絶世の美女とされた小野小町の生誕地としても知られる。毎年6月に開催される「小町まつり」は、選び抜かれた7人の小町娘たちが、当時の装束で和歌を朗詠し「芍薬塚（小町塚）」に奉納するゆかしい祭りである。

伝統工芸の特徴とその由来

　「なんでも燻す国から、燻してつくる『燻椀』」川連漆器の新商品のキャッチコピーである。思わずにやりとさせる。はやりの「いぶりがっこ」を連想して、チーズと赤ワインが欲しくなる人もいるかもしれない。しかしこれは、椀木地の昔ながらの乾燥方法である。「煙を浴びながら低温でゆっくり乾燥が進み、割れの原因となる狂いや歪みが軽減。さらに煙の成分と椀木地の蛋白質が結合して木質を強くし、防腐や防虫の効果も……」と続く。

　秋田県は山林王国といわれる。県境の奥羽山脈の山間には、最近までマタギ集落が散在し、鉱山の山師たち、秋田杉の営林業者、「樺剥ぎ」など、それぞれ山仕事の専門家たちが生業として山に分け入ることで、里山の恵みも保たれてきた。

　みちのくの小京都と称えられる角館は、山の恵みの象徴ともいえる樺細

工の産地であり、武家屋敷が並ぶしっとりした佇まいの観光地でもある。「なんでも燻す半径2kmのお椀の国」湯沢は名立たる豪雪地帯であるが、温泉が湧き、地野菜が実り、山にはジビエが出没する造り酒屋の町でもある。未来の形を探るSDGsの種があちこちに蒔かれているのではなかろうか。

知っておきたい主な伝統工芸品

川連漆器 (湯沢市)
川連漆器の特徴は、自然な光沢を大事にして研いだり磨いたりせず仕上げる花塗りにある。漆の層も厚いため堅牢で、使い込むほどに艶が増す。栗駒山麓のブナ、トチ、ケヤキなど豊富な原木と、藩内で産出される漆に恵まれ、主に農山村の人たちに日常食器として愛用されてきたことから、使われることを旨とする頑丈なつくりを目指した。箸やカップなどの小物から家具まで品揃えも豊富で、国内外のデザイナーと共同で斬新な意匠開発に取り組む一方、お食い初めや仏事のお膳など地域の行事に寄り添った伝統的な什器の生産もおろそかにしない。

12世紀末頃の鎌倉時代、稲庭城主小野寺重道の弟、道矩が刀の鞘、弓、鎧などに漆を塗らせたのが始まりとされている。江戸時代には本格的な漆器産地として隆盛を誇った。19世紀半ばには沈金や蒔絵などの加飾技法も加わり、華美な漆器も増えていく中で、渋下地、蒔絵下地による実用的な漆器を原点として価格を抑えてきたのは、現代のシンプルなライフスタイルを先取りした産地の先見の明ともいえる。

最近は県内の給食用食器に川連漆器を使おうとする動きが活発になっている。実際に使ってもらうと、扱いの手間はいくぶん増えるものの子どもたちからの評判は上々。漆の食器を使うという習慣を日常的に体験することにより、ここ数十年の間なおざりにしてきた、ものを大切に扱う習慣が身につくかもしれない。また、高齢化社会を迎えて、ユニバーサルデザインの食器開発にも成果をあげており、環境にも、人にも、ふところにも優しいものづくりの産地として注目されている。

樺細工 (仙北市)
樺とはヤマザクラの皮のこと。樹皮を剥いで薄く削り、木地に貼り付けて、茶筒や装身具をつくる世界でも類をみない工芸品である。18世紀後半、修験者から技法を伝授され

た佐竹北家の家臣が、下級武士の手内職として奨励したことから始まったとされる。藩の手厚い庇護のもと、印籠や煙草入れなどの小物づくりが盛んであったが、明治時代に入ると、禄を失った武士が収入を得るために本格的に取り組んだことで、茶筒や文庫などさまざまな製品が生み出された。現在もなお、照明器具やバッグ、名刺入れなど、新商品への創意工夫は尽きない。

　ホオノキやヒバなどの木地に、薄く削ったヤマザクラの樹皮を貼り付け、トクサや仕上げ包丁でならして、ムクの葉と砥の粉で磨くという独特の技法により、美しく堅牢な樺細工が完成する。樹皮の肌をそのまま活かす「ちらし」や、削り込んで照り映えるような飴色に仕上げた「みがき」など、表情もさまざま。材料のヤマザクラの皮は「樺剥ぎ」と呼ばれる職人によって採取される。ヤマザクラは樹皮を剥いでも再生するため、伝統的な樺剥ぎは木を守りながら適切に採取してきた。しかし、再生能力を超えた採取が行われるようになり、組合、行政一丸となって、さまざまな規制を設け、植林事業を進めるなど対策を講じている。

　かつて樺細工の第一人者として誰もが認める名工がいた。若い頃に、柳宗悦に出会った彼は柳の唱えた「用の美」を、さらに「用即ち健」と置き換えて信条を貫いた。「美しさだけで丈夫さがなければ、手にもって使われ愛される道具にはならない」と。長年使い込まれた樺細工には、健全な用の美がみなぎる。

秋田杉桶樽（県内全域、主に大館市、能代市、八郎潟町、五城目町など）

　秋田杉桶樽の特徴は材料に用いる天然秋田杉の美しい木目とその香りの清々しさにある。お櫃に移したご飯はかすかにスギの香が漂い、酒樽で醸された馥郁たる香りはお酒の味を一段と風味豊かにする。また、塩分濃度を調整するという働きもあり、漬物を漬けるには最適である。

　各地で製造されたが、秋田城遺跡から、15〜16世紀のものとみられる桶に使った薄板、底板、取っ手などが発掘されており、江戸時代には技術が確立されていたと思われる。北前船の寄港地で、米代川流域の良質の天然秋田杉が集まる能代一帯は、立地条件にも恵まれ、大館市、五城目町とともに高い技術が集積された。

　最盛期には秋田杉の桶樽屋は約300軒がしのぎを削っていたとされるが、

1955（昭和30）年代後半から、プラスチックやアルミ製品に押されて需要が激減。今では20軒たらずになってしまった。

　しかし、自然志向が高まった近年では、吸湿性や断熱性といった木の特性とその風合いが見直されており、お櫃を始め、半切り、ビールジョッキといった食卓用品が人気を集めている。傘立てや手桶などもモダンなインテリア用品として活用されている。

大館曲げわっぱ（大館市）

　日本三大美林の一つとされる天然秋田杉。その材質と美しい木目を活かしてつくられる暮らしの器が大館曲げわっぱである。奥深い山から切り出されたスギは、長木川、米代川を通って輸送され、二つの川の合流点の大館市に集められた。樵が柾目のスギで曲げ物の器をつくったことがその始まりとされる。

　関ヶ原の戦いで豊臣方として惨敗を喫した佐竹義宣が、常陸から秋田へ減禄移封されたが、当時の領民の窮乏は甚だしく、そこで領内の豊富なスギと漆に着目し、下級武士の内職として曲げわっぱの製作を奨励した。また、農民には年貢米の供出代替として、山から城下まで原木を運搬させた。

　曲げわっぱとは、杉板を薄くして曲げ、丸や小判型に仕上げたもので、かつては弁当箱として欠かせなかった。しかし、大量生産するプラスチック製品が出回ったことや生活様式の変化で需要が低迷、職人たちが減少し存続の危機にさらされたが、最近では、天然スギでできた製品の温かみや、使い捨て文化の見直しなどにより、多くの人に再び注目されている。

　天然秋田杉を柾目で木取りした板を熱湯で煮て、板が柔らかくなったところでゴロと呼ばれる道具に巻き込むようにして曲げ、重ね合わせた個所を仮止めし自然乾燥させる。その後、接手部分を接着したらとじ穴を開け、細く削ったヤマザクラの皮を編み込んで留める。この模様が曲げわっぱの美しさのポイントで、店や職人によってデザインが異なる。

　明るく優美な木目や軽くて味わい深い美しさは、弁当箱以外にも、お櫃、盆、酒器、花器、茶器、鉢、セイロ、小物入れ、カップ、アイスペールなど斬新なデザインの製品をつくり出している。

　現在は天然杉の保護のため、国有林では伐採が禁止されている。最低でも樹齢120年は経過したスギでないと使えないという曲げわっぱは、その素材が今後少なくなることが懸念される。

秋田銀線細工 (秋田市)

秋田銀線細工とは、さまざまな太さの銀線を縒り合わせ、指先だけでパーツをつくって組み合わせる銀細工である。その特徴は何といっても繊細さで、純銀が放つ貴金属の輝きと立体的で精緻な造形が、美術工芸品としての品格を醸し出す。ボリュームがある割には軽く、ブローチやペンダントトップなどとして愛用されている。

1602（慶長7）年、佐竹義宣が秋田に移封されたとき、当時の細工師が阿仁鉱山で産出される銀を加工してかんざしなどの装身具をつくったのが始まりとされている。江戸時代初期から佐竹藩では本格的な鉱山開発が行われ、阿仁鉱山では金、銀、銅のほか、硫化鉄も産出して鉱業が大いに発達したが、城下では、主に武家向けの金属工芸が盛んになり、職人町も形成されて金工師たちが腕をふるった。

一説には、当時、ヨーロッパで盛んに行われていた銀線細工が、南蛮貿易の開港場であった長崎の平戸に伝わり、平戸藩の江戸屋敷を通じて、近くにあった秋田藩邸に伝わったとされている。平戸ではいつしか廃れたが、銀線の伸展技法の「ヒラド」とは、この「平戸」の名をとどめたものともいわれている。

明治時代においても、阿仁鉱山は日本有数の産出量を誇り、その豊富な鉱物資源を背景に新しい時代にふさわしい産業化が図られた。明治後期〜昭和時代初期にかけて、各地に開設された工芸指導所には、金銀細工、彫金、意匠などの専門家が招聘されて、新しい技術やデザイン性を追求する機運が高まっていたが、秋田銀線細工にとっても、飛躍のときとなった。江戸時代から培った技術をさらに磨き上げ、世界に通用するデザインを志向する出会いをもたらしたのである。

大曲の花火 (大仙市)

大曲市の花火大会の特徴は、花火をつくった本人が打ち上げなければならないこと。また、内閣総理大臣賞や経済産業大臣賞などの各賞が授与され、70万人以上の観客を集める日本最高峰の花火競技大会とされているのが特徴である。

毎夏、雄物川の川原で、夕方5時頃から昼花火、夜7時頃から夜花火約1万発が打ち上げられる。夏以外にも、「四季の花火」というプロジェクトが展開される。国際色豊かな花火と日本の伝統技術の粋をきわめた「春の章」、挑戦と斬新をテーマにした劇場型花火ショーの「秋の章」、若手作家の技

術・創造性を競い合う「冬の章」により、大曲市のみならず日本の花火の魅力を世界に発信している。

　江戸時代初期、佐竹義宣が常盤から秋田にくら替えになった際、煙火師を随行してきたのがこのあたりで、そこで花火が打ち上げられるようになったことが始まりと伝えられている。雄物川の氾濫で足留めされたその花火師が、地元の娘と恋に落ち、この地に住み着いたため、大曲・仙北を中心に花火の技法が伝わったという。当時、大曲は米の集散地として栄えており、船の発着場界隈には豪商が軒を連ね、接待や祭りなどで打ち上げられる花火の需要が高まっていた。明治時代になると、中央の技術を導入し、技術の革新を重ね、現在の形になったのは、1910（明治43）年8月に諏訪神社において開催された「奥羽六県煙火共進会」が始まりとされる。1915（大正4）年には、「全国花火競技大会」と名前が変わり、大会の規模も次第に大きくなっていった。戦争による中断や災害のために存続が危ぶまれた時期もあったが、今では全国の花火師が目標とする権威ある競技大会となっている。

民　話

地域の特徴

　秋田県は西が海に面し、東は奥羽山脈が背後を蔽うように南北に連なった縦に長い県である。中央の出羽山地の周辺に、盆地や平野が開けている。冬期には積雪が多く、山間部の豪雪地帯では、春の雪どけまで交通が遮断されるほどであった。河川は北部の米代川、中央部の雄物川、南部の子吉川が、東から海に向けてゆったりと流れている。それらの流域に人家が多く生活圏が形成されてきた。県の産業は、古くから豊富な森林や地下資源に支えられてきた。藩が植林や鉱山開発に力を入れたこともあり、秋田杉などの木材や鉱物資源が産出され、その集散地である能代湊や秋田湊は海運業としても栄えた。また、米どころ秋田は、新潟県とならぶ米の生産県でもある。この自然豊かな地に、伝承文化も豊かに残されてきた。男鹿の「なまはげ」、横手の「かまくら」「霜月神楽」、西馬音内の「盆踊り」、秋田竿灯祭りなど、独自な民俗が多くある。

伝承と特徴

　秋田県の民話と関係が深い人物に、江戸後期の菅江真澄（1754～1829）がいる。柳田國男が民俗学の先覚者と位置づける真澄は三河に生まれたが、生涯の多くを秋田で過ごし、たくさんの紀行文や地誌を残している。秋田藩士の人見焦雨や石井忠行の記録なども貴重な仕事である。

　近代に入って早く昔話の収集にかかわった武藤鉄城は、戦前の雑誌『旅と傳説』に多く発表し、戦後も収集に力を注いだ。今村義孝・今村泰子の『秋田むがしこ』や『羽後の昔話』はかけがえのない資料である。1970（昭和45）年以降は、県外からの研究者や有志の調査が行われ、資料の蓄積が進んだ。同じ頃に各自治体や公民館による郷上の昔話の記録と公刊も活発になる。

　2013（平成25）年に秋田県教育庁生涯学習課文化財保護室により秋田

県内の昔話資料等がデータベース化される。また、秋田大学の「秋田県の昔話・伝説・世間話 口承文芸検索システム」がインターネット上に公開され、利用が便利になった。

　秋田の昔話は、結末句が「とっぴんぱらり」であるが、旧南部領に近い鹿角郡は、岩手や青森県と同じ「どっとはらい」が混在する。県南部の由利郡の結末句「とっぴんかたりん、山淑の実」は、庄内藩の影響がみられる。

　秋田は中世以来、日本海の海運を通じて越前・若狭地方や上方との経済・文化の交流が深かった。男鹿半島の椿山をめぐる能登の船乗りと娘との悲恋話や、土崎（秋田）湊近くの香木の通商で裕福になった船頭の伝説などは、そうした名残といえる。八郎潟と田沢湖、十和田湖が関係する「三湖伝説」は、スケールの大きな伝説である。長慶金山や院内銀山の伝説、小野小町、象潟蚶満寺の神功皇后など、歴史や文化にまつわる伝説も多い。

　近世末期から蝦夷地や樺太への漁業・林業の出稼ぎが盛んになり、繁次郎（茂二郎）にまつわる世間話に、その面影を残す。世界遺産の白神山地には鬼神や山人の話、鹿角には狩猟にまつわるマタギ佐太六などの話もある。

おもな民話（昔話）

小野小町　　昔、あったずもな。秋田に小野小町というきれいな女がおり、男たちが嫁にほしいと大騒ぎをした。小町にのぼせた男が毛虫になってはってきて、膝の上にあがってきた。小町は黙って見ていたが、「口を吸わせ　手を握らせて　ひざまくら　はだと云わぬは　虫のあやまり」と歌を詠むと毛虫は落ちて死んでしまった。これきって　とっぴんぱらりのぷう（『秋田むがしこ』第1集）。

　湯沢市小野が生誕地とされる小野小町は、伝説の人として有名であるが、その小町にちなんだ少し卑猥な昔話である。恋慕の末に男は、毛虫と化してまでも迫るが、小町の毒気を孕んだ歌にあえなくころりと終わる。語った堀井徳五郎は明治初めの生まれ。同じ語り手に「鮭を呼ぶ歌」の狂歌話もある。鮭が川を上るのを殿様が見物に来ると、さっぱり鮭が上らない。機嫌が悪くなる殿様の前に出た「歌よむ若ぇ兄」が、「昨日たち　今日きてみれば衣川　すそのほころび　さけのぼらん」と詠むと、いっせいに上

り始めたという。歌は新調した衣の裾の破れ（裂け）に、鮭を掛けたものである。この話は『尤の草紙』など、江戸の随筆にも出ている。堀井は小学校の校長の経歴をもつ方で、同書に50話近く採録されている。編者の今村泰子の「採集記」（同書巻末）には、1955（昭和30）年頃の秋田の年寄りとの懐かしい交流が記されている。

桃内小太郎

むがしあったぞん。あるところに爺と婆がいた。爺は山に柴刈りに、婆は川に洗濯に行ったが、川上から白い箱と赤い箱が流れて来た。婆は赤い箱を拾って家に帰った。箱の中には大きな桃が入っていた。その桃から赤ん坊が生まれたので、桃内小太郎と名付けられた。その子は成長して鬼ヶ島に鬼征伐に行くと言い出した。途中で、竹ナリ子と葭ナリ子を仲間にする。鬼ヶ島で、竹ナリ子と葭ナリ子は鬼に飲まれてしまうが、小太郎が助けて、三人で鬼を退治した。帰る途中で、竹ナリ子は守り不動尊、葭ナリ子は産土神であると正体を明かして消えた。小太郎は、家に帰ると爺と婆は大変喜んだ。トンピンパラリのプウ（『角館昔話集』）。

「桃太郎」の話は、柳田國男『桃太郎の誕生』以来、水辺の小さ子の誕生と成長といったテーマで読み解かれてきた。しかし、日本各地に伝承されてきた「桃太郎」には、それには収まり切らない多くの「桃太郎」がいることを、野村純一と斎藤純は指摘した。それに倣って、ここでは赤い箱に入って流れて来た桃から生まれ、犬、猿、雉や、きび団子も登場しない、不動尊と産土神を従えた秋田の桃太郎を取り上げた。

近江の国のひやみ太郎

毎日仕事もせず、寝てばかりいるひやみ太郎がいた。大口を開け外で寝ていると、キリギリスが口に入った。命を助けてやるとその恩返しに殿様の所に行って「ひやみ太郎に百万石を与えなければ、天下の首はキリキリーン」と鳴いた。虫の音を気にした殿様はひやみ太郎を捜し出し百万石を与えた（『傳承文藝』17号）。

この昔話は、「蟋蟀報恩」と呼ばれる採集事例がきわめて少ない話である。『日本昔話通観』によると、虫報恩の話型で、岩手県の二戸、京都の丹後伊根、鳥取の日野、鹿児島の種子島から採集されている。秋田でも、採集事例は藤田藤太郎、ハル夫妻による2話のみである。話者の藤田藤太郎は、各地の酒蔵で働いた山内杜氏である。広い世間を知る伝承者であり、この

昔話の伝承経路が推測される。

うそつき男　むかし、あるところに、藤五郎という男がいて、大きな家の奉公人として使われていた。藤五郎は、「四十八の鷹巣(たか)」の場所を親方に教えた。鷹巣を見たいと言う親方を山の木に登らせ、梯子をはずして帰った。だまされた親方は怒って、藤五郎を簀巻(すまき)にして、川へ流すことを命じた。担ぐ奉公人達に、隠し金があると探しに行かせ、通りかかった目の悪い牛方を、簀巻になれば一晩で直ると、牛方を身代わりにして屋敷に戻る。藤五郎は、投げられた後、竜宮の乙姫に会ったことを話し、親方を川へ誘い込み流してしまう。そしてその屋敷の親方になった。どっとはれ（『秋田むがしこ』第2集）。

　この話は「俵薬師」という笑話である。現在では、悪人が成功する話のため、道徳上、問題があるといわれて語られなくなった話であるが、採集者の今村泰子は同書内の「注」でたくさん聞けたと記しているので、かつては秋田の各地で語られた話であった。この話は、グリム童話やアンデルセン童話にもあり、ヨーロッパでは「ウニボス」（騙(だま)し屋の話）と呼ばれ、修道院でも語られていた。また、アジアでは中国湖南省、ベトナムでも報告されている。

おもな民話（伝説）

伊勢参りの松　文政の頃、土崎（現・秋田市）の一行が、伊勢参りに行った際、河辺郡雄和町水沢の松右衛門と名のる老人の世話になった。土崎に帰って、お礼のために訪ねると、そのような老人はいなかった。ただ、水沢の大きな松が、去年の春の彼岸から急に枯れだし、秋の彼岸には再び生気をとりもどしたことがあった。村人は、松右衛門は松の精で、一時枯れたのは伊勢参詣中のことゆえであろうと話したという（『羽後の伝説』）。

　大館市比内町独鈷の伝説では、伊勢参りの道中で路銀が足りなくなって借りた銭が、村の松の木に掛かっていたという伝説もある。柳田國男は、伊勢参りの代参が盛んに行われていた江戸時代に、各地を遊行して歩く座頭や巫女などが、松の下で、松の精霊を語る話に結びついた伝承ではないかと推測している。『日本伝奇伝説大事典』の中で、野添憲治は、秋田市の雄和町水沢の「伊勢参りの松」の根元には、水沢地区の伊藤家一族の墓

があり、「総墓」という碑銘の裏に「伊藤同苗中（一族の意）建　文政八年」
と刻まれていたと述べる。墓石が建立される以前、ここにあった松が墓標
の役割を果たしていたことが、伝説を生む一因と指摘している。

熊野山神社由来（三十人小屋場）

黒沢の水源地に三十人小屋場が
あって、きこりが30人泊まって
いた。ある時そこへ女が来て、眠っている人の舌をかみ切って殺していた。
中で一人起きている男がいて、急いで逃げ、木のうろに逃げた。そこへ熊
が来て、男を自分の後ろに隠して、化け物を退治してくれた。そこで、黒
沢に熊を祀る、熊野山神社を作った（『傳承文藝』17号）。

　この伝説は、横手市山内黒沢の山中を舞台とした話で、異聞が横手市山
内地区で、多く報告されている。きこりたちが夜に小屋で百物語をしたら
化け物が出て食い殺された。百物語に加わらなかった飯炊きだけが助かっ
て鉈で化け物を切りつけると三本足狐になったなど、黒沢以外の採集地で
さまざまに語られているのが興味深い。同様の話が富山県黒部市宇奈月町
の十六人谷にも伝えられている。杣人たちが伝承していた話と思われる。

影とり沼

昔、角間川の近くに大きな沼があり、いつの頃からか、影
とり沼とよばれていた。この沼の近くを歩くと、影が反対側
に映るという不思議な沼でもあった。朝に東を通れば人の影が西に落ち、
夕日のころ西を通れば影は東に映り、人も馬も沼に落ち溺死するのであっ
た。村人はおそれて晴天の日は沼に近よらず、曇天や雨の日だけ歩いたと
いう（『羽後の伝傳』）。

　この伝説については、菅江真澄も地誌『雪の出羽路 平鹿郡』巻一、板
井田村の項に記している。武藤鉄城も『旅と傳説』で触れている。同様の
伝説は、横手市大森にもある。戸塚ひろみは、ほかにも長野県上田市半過
の影取り湖、栃木県足利市の影取り淵、神奈川県横浜市戸塚区の影取りの
池があり、水に映った影法師を湖沼の主にとられると命を落とすという話
があると指摘する。影の喪失と死の話は、澁澤龍彦の小説『高岳親王航海
記』にもある。主人公の高岳親王が湖をのぞき込むと、自分の影が水面に
映っていないことに気づき、親王は死期を知った。一方、梶井基次郎の『K
の昇天』は自己像幻視（ドッペルゲンガー）、すなわち自分の姿を目撃する
ことをテーマにしている。「影の病」「影の煩い」「離魂病」という言葉があ
るように、自分が自分自身（影）を見ると長く生きられないともいわれる。

山内の大力の話

山内の万蔵が、川越刑部のもとに若勢（年季奉公）に行った折、山の神様に願を掛けて力を授かる。大力が話題となり、江戸へ相撲を取りに行くことになった。将軍の前で伊達藩のいろは山と勝負をし、運悪く相手が死んでしまった。万蔵に非はなかったが、伊達藩の仕返しをおそれて、ひそかに郷里の平野沢に帰り、静かに暮らしたという（『傳承文藝』17号）。

宮田登は、大力の男は土地をもたない者が多いと指摘する。大力の話は、富農に年季奉公にきた若勢たちが、「タマリ」と呼ぶ溜まり場で語ったものだという藤田秀司の聞書きがある。一方、石井忠行の随筆には、豪農の川越家の由緒書きに先祖の山内喜代之助が藩のお抱えの相撲取りであったとする記事がみえる。伝承と記録との違いが面白い。

また近年では、話者の藤田ハルが万蔵の大力の理由を、見知らぬ女から赤子抱きを頼まれ、その赤子がだんだん重くなり、その結果、大力を得たと話している。赤子抱きにより産女から大力を授かる昔話「産女の礼物」に類似し、世間話から昔話へと伝承が移行している形かもしれない。

百物語

秋風が立って袷では肌寒い頃の闇夜に、法久寺の本堂に行き百物語をやった。蠟燭を仲間の数だけ点けて、一同は通りからお寺へ向かう所にあった常夜燈まで行って引き上げて来る。それからジャンケンで順番を決めて、一人が蠟燭を消しに行く。最後の一本を吹き消すと化け物が出ると言われていた。最後の子は顔色を変えて走って来た。夜学の帰りによく百物語を行った。仲間の怪談に反抗心が手伝って蠟燭を消しに行った（『大曲町郷土史』）。

浅井了意は『御伽婢子』の中で、「百物語に方式あり、月暗き夜行灯の火を点じ、其行灯は青き紙にて張り立て、百筋の灯心を点じ、一つの物語に、灯心一筋づゝ引取ぬれば、座中漸々暗くなり……必ず怪き事現はる、とかや」と書いているが、本話も同種の方式で行っていた様子がわかる。一方、野村純一は『昔話の森』の中の「百物語」で、もともとは神聖な夜の夜語りが本来の姿であり、予祝儀礼における祝儀性の強い行事であったことを指摘している。神聖なハレの夜の語りに現れる神に対して、日常のケの夜に行われる百物語には化け物が出るという。

妖怪伝承

アクバンバ

地域の特徴

秋田県は奥羽山脈の西に位置し、南北にもそれぞれ鳥海山や白神山地などの山々をもつ。県の西側は日本海に面しており、海と山に囲まれた南北に長い県である。冬期は特に県南部の盆地で豪雪に見舞われるものの、奥羽山脈があるため、しばしば冷害をもたらす北東風「やませ」の影響を受けることも少なく、大凶作に見舞われることもほとんどなかった。江戸時代は常陸から転封された佐竹氏が現在の県域の大部分を領したものの、鹿角市および小坂町にあたる地域は盛岡藩に、由利本荘市および、にかほ市にあたる地域は天領を含む由利諸藩が領したため、現在でもこの2地域は県内でも異なった文化圏をもつとされる。県民性はおおらかで新しいものを好むといわれる。

伝承の特徴

狐、狸（ムジナ）、猫、ヘビなど身近な動物の怪が数多く伝えられている。河童の伝承も多い。それら以外には固有名詞をもつ妖怪はあまり伝えられておらず、雪国ではあるものの、雪に関する妖怪の伝承も限られた地域にあるのみである。また、「妖怪が出るので○○をしてはいけない」という話が最後に付け加えられ、子どものしつけの一役を担っていた。

江戸時代以降、妖怪から授けられた刀や薬などの伝承が、特に城下町などで伝えられるようになった。そこで本項は、妖怪の残した遺物にまつわる話を中心に取り上げることにしたい。

主な妖怪たち

アクバンバ（灰ばんば）

由利本荘市や、にかほ市で語られる妖怪。イロリの灰の中にいるという。アクバンバは目がなく、頭の上に口があって灰の下にもぐっているといわれる

（『秋田むがしこ』第1集）。アクバンバがいるので、子どもたちは、火を乱暴に扱ってはいけないといわれたものだった（『本荘市史文化民俗編』）。

小豆とぎ

小豆をとぐ音のする怪。県内各地で伝えられている。たいていは夜に、集落のはずれや橋の下など、決まった場所で聞こえる。人間に危害を加えることはなく、音の正体も不明である。ただ、由利本荘市ではイタチ（『本荘市史文化民俗編』）、羽後町では「小豆とぎ石」の仕業であるといわれている（『元西の地域誌』）。

ウブメ（産女）

子どもを身ごもったまま亡くなった女の霊。昔、今の横手市に住む梅津忠兵衛という武士が夜勤で町内を巡回していたところ、丑三つ時（午前2時頃）に子どもを抱いた女に出会った。女はこれから大切な用事に行かなければならないと言って、梅津忠兵衛に赤ん坊を預けた。女がいなくなると、腕の中の子どもがどんどん重くなっていく。抱いていられないほどになり、梅津は思わず「南無阿弥陀仏」と念仏を唱えた。そのとたん、抱いていたはずの子どもが消えてしまった。そこへ女が汗だくで戻ってきた。女は山に住む氏神であり、お産があって手助けをしていたが大変難産であった。とうてい助からないと思ったが、梅津が念仏を唱えたおかげで無事に生まれたという。抱いていたのはその日に生まれる前の子どもであった。その礼に、梅津忠兵衛は手拭いを軽く引きちぎれるほどの怪力を女から授けられ、その後怪力で評判となった（「伊東園茶話一の巻」）。

同じ話は、横手市内で妹尾五郎兵衛の話としても伝えられており、子どもを抱いた女に出会ったのが蛇の崎橋であったという（『横手盆地のむかしっこ』）。なお、この話は小泉八雲の『怪談・奇談』や、与謝蕪村の『蕪村妖怪絵巻』で「横手蛇の崎橋のうぶめ」として紹介され、県外にも知られる話となった。

おぼう力

ウブメから怪力や富を授かる話は各地に伝えられている。県内では特にその力を「おぼう力」という。女が髪を結っている間、赤ん坊を抱いているように頼まれる。赤ん坊は大きく重くなっていき、途中で手を離せばたちまち命を奪われるが、最後まで抱いていると怪力が授かるという。仙北市角館町周辺では、古い墓地や、墓地の近くにある石など、おぼう力を授かる場所が数多く伝えられている（『旅と伝説』75）。

河童　水の中に住む怪。しばしば水辺にいる牛馬や人間を水の中にひきずり込もうとする。一方で、人間に捕まった河童を助けてやるとその礼として食べ物や薬、刀などが授けられる。県内にも河童から授けられた薬を販売していた家が何軒かあった（『奇々怪々あきた伝承』）。

　また、佐竹家に河童に縁のある話がある。初代藩主佐竹義宣が大仙市神宮寺の川のほとりへ鉄砲撃ちに行ったとき、水中から黒い毛の生えた腕が出てきて義宣の鉄砲を奪ってしまった。義宣は烈火のごとく怒ったが川底深く沈んだためどうすることもできなかった。その後、近くに住む六兵衛という男が密かに川に潜って鉄砲を探し出し、角館の佐竹北家へ売った。六兵衛は怪獣に祟られ、翌年淵にはまって死んだ。この鉄砲は1722（享保7）年に佐竹北家から佐竹本家に献上されたという。鉄砲には怪獣の握った跡が残っていると伝えられているが、残念ながら現在その所在は明らかになっていない（「月の出羽路仙北郡七」）。

カブキリ　年をとった蛙の妖怪。県北の山間部に伝えられている。幕末の頃、若者たちがヤグラという材木を組んだ高いところで休んでいると、腰から下のない化け物の立っているのを見た。若者の一人が枕を投げようとしたが、手も足も動かなかったという（『みんなで綴る郷土誌2山村民俗誌』）。

　また上小阿仁村では、カブキリは真っ黒い汚い子どもであるともいわれている。カブキリがいる間は家が繁盛するが、いなくなるととたんに落ちぶれるという、ザシキワラシのようなものと考えられている（『上小阿仁通史史編』）。

狐　狐にまつわる話は県内各地に数多く伝えられている。多くが狐にだまされた話であり、各地域で人間を化かすことの上手な狐たちには、その名まで知れ渡っていた。1955（昭和30）年頃まで、田畑でよく狐を見かけたという話を聞くので、馴染みの深い動物であったのだろう。

　だまされた話ばかりでなく、狐火や狐館（きつねだて）などの現象についても伝えられている。狐火は松明のような明かりで、羽後町では、狐火は集落に良いことの起こる前兆であると伝えられている（『民間伝承』38）。男鹿市では、夏から秋にかけてともるこの火のことを「狐の嫁入り」といっていた。

　狐館は現在でいう蜃気楼のことで、主に干拓前の八郎潟に多くみられた。主に夜明け前、潟の向こうに大勢の人の行き交う姿などが映し出される。

狐館は山市ともよばれ、冬の風物詩であった（「氷魚の村君」）。

ザシキワラシ　ザシキワラシ、ザシキボッコなどとよばれる子どもの妖怪。鹿角市や由利本荘市で伝えられている。ザシキワラシは金持ちの家の奥座敷や土蔵などにいて、いる間は家が繁盛するが、いなくなるととたんに落ちぶれるという。なお、性別や容姿も一様ではなく、ただ家の中でいたずらをするだけのもの、亡くなった子どもの姿をしたものなどとされる（『西郊民俗』109）。

ツチノコ　ヘビに似た幻の生物。県内でもしばしば目撃されているが、いまだ捕獲はされていない。姿は頭が三角形、茶褐色の背をして、しっぽがない一升瓶のような形をした生き物だという。横手市山内筏、羽後町西馬音内掘回の堂山で報告があったが、ここ10年ほど目撃談はない（『山内村のむかしっこ』）。

二の舞面　能代市清助町にある龍泉寺に伝わる話。昔、秋田市上新城の羽鳥沼に夜な夜な妖怪が出るとの噂があった。秋田右近太夫藤原秀成という武士が妖怪を退治しようと羽鳥沼で待ち伏せをしていると、ある夜、女が歩いてきた。行灯も持たないのになぜか女の体が光っている。怪しいと思い、武士が斬りつけると女は闇夜に紛れて逃げた。その血の跡を追ったところ、上新城石名坂の竜泉寺まで続いていた。寺の書院に翁 媼一対の面があり、翁面の方には血がべっとりとついて、眉間から口元にかけてざっくりと割れていたという。妖怪の正体はこの二の舞面であった。

　この面は現在能代市龍泉寺に保管されている。1307（徳治2）年の朱漆銘があり、県の有形文化財に指定されている。

猫婆　猫が人間に化けたり、いじめられた復讐をするという話は県内各地に伝わっている。大館市では寺の和尚に化けた猫が諸国漫遊していた武士に退治された話が伝えられたり（『大館市史』第4巻）、秋田市新屋では猫をいじめた子どもがその夜ひどくうなされたので、父親が念仏を唱えたところ、子どもがうなされなくなったという話がある（『秋田市史 民俗編』）。狐と同様身近な存在だったからこそ、さまざまな話が伝えられている。

　そのなかで、秋田市の天徳寺にある佐竹家墓所に猫婆の墓とよばれる場所がある。第3代藩主佐竹義処の側室の墓であるが、猫が人を噛み殺して

人間に化けていた者といわれ、明治の初め頃までは墓に縄が掛けられていたという。この側室はキリシタンであったために殺されたといわれている（「秋田名蹟考」）。

狸（ムジナ）

狸に関する話も県内各地に伝えられている。県内ではムジナと狸を同じものとしている場合が多く、大砲や木を伐る音などをさせて人間を驚かせる。正体を見せずに音のみさせるものがほとんどだが、なかには学のある狸がおり、人間と対等に話をするものもいた。宝暦年間（1751～64）の中頃、秋田市のはずれに住む赤石六郎兵衛という者のもとに、夜な夜な狸が来てさまざまな話をした。狸は姿を見せることを嫌い、いつも障子の陰にいたという。やがて互いに打ち解け、酒などを酌み交わすうちに、狸は年をとった女の姿に化け、六郎兵衛の前に出て来てさまざまなことを語った。その狸との話が『水口夜話』という冊子にまとめられている。現在写本のみ現存するが、儀礼などを書いた堅苦しい内容になっており、随分学識の高い狸であったことがわかる（「久保田の落ち穂」）。

その後毎晩寺に狸が遊びに来た。狸はちらいという専念寺の若い僧と親しみ、狸の一族の命日に読経をしてもらった。そして二百文の布施を約束したという。狸の書き残した書には「二百文」や「ちらい」の文字が書かれている。専念寺に残されている『家内年鑑』には、1817（文化14）年11月1日から10日まで毎夜、狸が来て妖技をなしたと記されている。この話は当時から評判になっていたようで、江戸時代後期から明治時代の紀行文などに「狢の書」がしばしば登場する（「秋田名蹟考」「雪の山越え」）。

ムラサキギモ

正体はよくわからないが、1～2歳の子どものなかに入る怪といわれ、由利本荘市で伝えられている。ムラサキギモが入った子どもは、イロリの傍にいて、薪の残りの灰を食べるという。そのために、子どもは薪のそばから離れないといわれている（『本荘市史文化民俗編』）。

山おんじ

北秋田市阿仁の山中にいた大男。阿仁中村と阿仁長畑菅生に足跡が残っており、たいそう大きなものであったと伝えられる。山中で山おんじに出会うと「里の人間に話をするな。話をすると背中を折るぞ」と言われたというが、約束を守っていれば特に何もされないという（『阿仁町の伝承・民話』第4集）。

雪男・雪ばば　　雪の日に里に下りてくる怪。大館市では、雪男は山の神の日である12月12日に山から酒を買いに来る男だといわれている（『秋田の迷信と説話』）。また、五城目町では、雪がたくさん降る夜に子どもが泣いていると、「小豆煮えたか、包丁研げたか」と言いながら雪ばばが降りてきて、子どもをさらってしまうといわれている（『秋田むがしこ』第1集）。

高校野球

秋田県高校野球史

　秋田県に野球が伝わったのは1885年で，以後，秋田中学（現在の秋田高校），秋田師範学校でも野球が行われるようになった．秋田中学の野球部の正式な創部は94年ということになっているが，実際には86年から91年頃にはすでに活動していたようである．

　1915年，第1回の選手権大会開催が決まり，秋田中学が東北代表として全国大会に出場，準決勝では事前の予想を覆して優勝候補の早実を3−1で破った．決勝の京都二中戦も延長にもつれ込み，延長13回の末サヨナラ負けで惜しくも準優勝となった．

　21年秋田商業に野球部ができ，この年に甲子園に出場した．これ以降，秋田中学と秋田商業の2校はライバルとして競い合うことになった．

　戦後しばらく秋田県から甲子園に代表を送ることができなかったが，53年夏になって，秋田高校が秋田県勢として戦後初めて甲子園に出場を果たし，65年夏はベスト4まで進んだ．

　78年から1県1校となり，この年豪腕高松直志投手を擁した能代工業が話題になった．そして，この頃から秋田経大付属高校（現在のノースアジア大明桜高校）と，金足農業の2校が台頭してきた．先に甲子園に出場したのは秋田経大付属高校である．秋田商業で甲子園に5回出場した古城敏雄を監督に招聘して強くなり，81年選抜に初出場，ベスト8まで進んだ．以後，同校は好投手を次々と育て上げた．

　金足農業は，84年選抜に甲子園初出場を果たすと，続いて夏も出場して準決勝まで勝ち進み，桑田・清原のいたPL学園高校と対戦，あわやと思わせたが，桑田に2ランホームランを打たれて惜しくも敗れた．そして，2018年夏には吉田輝星投手を擁して決勝に進出，公立農業高校としての快挙に全国が大きく沸いた．

　近年は公立高校の活躍が目覚ましい．

秋田高 (秋田市, 県立)

春5回・夏19回出場
通算10勝24敗, 準優勝1回

　1873年洋学校として創立, 統合・改称を経て, 1901年県立秋田中学校となる. 48年の学制改革で秋田南高校となり, 53年秋田高校と改称.

　1894年の創部だが, 実際には86〜91年頃には創部していたといわれる. 1915年の第1回全国大会に出場し, 準優勝. 以後, 戦前だけで春夏合わせて8回出場した. 戦後も甲子園に出場を続けている.

秋田工 (秋田市, 県立)

春1回・夏2回出場
通算2勝3敗

　1904年県立秋田工業学校として創立. 48年の学制改革で秋田工業高校となった.

　47年に創部し, 64年選抜に初出場. 86年夏には3回戦まで進んでいる.

秋田商 (秋田市, 市立)

春6回・夏18回出場
通算18勝24敗

　1919年秋田市商業学校として創立し, 20年に開校. 48年の学制改革で秋田市立商業高校となり, 61年に市立秋田商業高校と改称した.

　21年に創部. 25年夏に甲子園初出場. 戦後, 60年春にはベスト4まで進んだ. 以後も出場を重ねている.

秋田中央高 (秋田市, 県立)

春0回・夏5回出場
通算3勝5敗

　1920年土崎町立実科高等女学校として創立. 後に秋田市立高等女学校となり, 48年の学制改革で秋田市立中学校と合併して秋田市立高校となった. 82年県立に移管して秋田中央高校と改称.

　45年創部. 秋田市立高校時代の68年夏甲子園に初出場すると, ベスト8まで進出した. 県立移管後, 2019年夏に45年振りに甲子園に出場した.

大曲工 (大仙市, 県立)

春1回・夏1回出場
通算1勝2敗

　1962年に創立し, 翌63年に創部. 2015年選抜で初出場, 英明高を降して初戦も突破した. 翌16年夏にも出場している.

金足農 （秋田市，県立）
春3回・夏6回出場
通算13勝9敗，準優勝1回

1928年県立金足農学校として創立．48年の学制改革で金足農業高校となる．32年創部．84年選抜に初出場すると夏には準決勝に進み，PL学園高校と接戦を繰り広げて一躍注目を集めた．2018年夏には吉田輝星投手以下レギュラー9人だけで戦うスタイルを貫き，逆転サヨナラ2ランスクイズなども決めて決勝まで進出，公立農業高校の快挙に大きく沸いた．

能代高 （能代市，県立）
春0回・夏4回出場
通算2勝4敗

1924年県立能代中学校として創立．48年の学制改革で能代南高校となり，53年能代高校と改称．29年創部．63年夏に甲子園に出場し，長浜北高校を降して初勝利．92年夏にも初戦を突破している．

能代松陽高 （能代市，県立）
春0回・夏3回出場
通算2勝3敗

1922年能代商工補習学校として創立．26年能代商業学校に昇格．44年県立能代工業学校に吸収され，47年市立能代実業学校を経て，48年の学制改革で能代市立高校となる．52年市立能代商業高校と改称．2013年能代北高校と統合し県立能代松陽高校となる．

1932年に創部し，戦後の50年から予選に参加．85年夏に甲子園初出場を果たした．2011年夏には3回戦まで進んだ．

ノースアジア大明桜高 （秋田市，私立）
春5回・夏9回出場
通算8勝14敗

1953年秋田短期大学附属高校として創立．64年秋田経済大学附属高校，83年秋田経済法科大学附属高校となる．2007年明桜高校，20年ノースアジア大学明桜高校と改称．

創立と同時に創部．1981年選抜に初出場すると，いきなりベスト8に進んで注目を集めた．89年夏にはベスト4に進んでいる．

本荘高 （由利本荘市，県立）
春0回・夏4回出場
通算0勝4敗

1902年秋田県立本荘中学校として創立．48年の学制改革で県立本荘高校となる．創立と同時に創部し，67年夏に甲子園初出場．以後，夏の大会に4回出場している．

㉛秋田県大会結果（平成以降）

	優勝校	スコア	準優勝校	ベスト4		甲子園成績
1989年	秋田経法大付高	10－4	秋田高	西目高	本荘高	ベスト4
1990年	秋田経法大付高	2－1	秋田中央高	秋田西高	能代商	3回戦
1991年	秋田高	7－3	秋田経法大付高	金足農	秋田工	3回戦
1992年	能代高	6－5	金足農	本荘高	秋田工	2回戦
1993年	秋田経法大付高	4－3	金足農	秋田南高	秋田高	初戦敗退
1994年	秋田高	10－6	秋田商	金足農	秋田経法大付高	初戦敗退
1995年	金足農	13－9	秋田高	秋田経法大付高	秋田南高	ベスト8
1996年	秋田経法大付高	4－0	金足農	秋田商	秋田南高	初戦敗退
1997年	秋田商	17－2	金足農	大曲農	能代高	2回戦
1998年	金足農	17－16	秋田商	秋田経法大付高	本荘高	初戦敗退
1999年	秋田高	3－1	鷹巣高	秋田経法大付高	能代高	初戦敗退
2000年	秋田商	13－2	秋田経法大付高	大曲工	横手工	初戦敗退
2001年	金足農	8－2	秋田経法大付高	本荘高	秋田商	初戦敗退
2002年	秋田商	21－4	秋田南高	由利工	本荘高	初戦敗退
2003年	秋田商	11－1	湯沢高	大曲農	平成高	初戦敗退
2004年	秋田商	3－1	本荘高	西目高	湯沢高	初戦敗退
2005年	秋田商	9－8	金足農	西目高	秋田経法大付高	初戦敗退
2006年	本荘高	2－1	秋田中央高	秋田高	秋田経法大付高	初戦敗退
2007年	金足農	6－0	秋田高	秋田中央高	大館鳳鳴高	初戦敗退
2008年	本荘高	10－5	大館鳳鳴高	明桜高	新屋高	初戦敗退
2009年	明桜高	3－0	本荘高	西目高	新屋高	初戦敗退
2010年	能代商	5－4	秋田商	西仙北高	鷹巣高	初戦敗退
2011年	能代商	6－3	秋田中央高	金足農	秋田商	3回戦
2012年	秋田商	4－3	能代商	大曲工	大館鳳鳴高	3回戦
2013年	秋田商	4－3	角館高	金足農	大曲高	初戦敗退
2014年	角館高	3－1	能代松陽高	由利工	大曲工	初戦敗退
2015年	秋田商	4－0	秋田南高	秋田工	能代松陽高	ベスト8
2016年	大曲工	8－7	角館高	大館国際高	能代工	初戦敗退
2017年	明桜高	5－1	金足農	大曲工	秋田高	初戦敗退
2018年	金足農	2－0	明桜高	由利高	能代松陽高	準優勝
2019年	秋田中央高	5－4	明桜高	能代高	角館高	初戦敗退
2020年	明桜高	7－2	能代松陽高	由利高	秋田商	（中止）

やきもの

秋田焼（湯呑）

地域の歴史的な背景

　秋田県下には、縄文中期から後期にかけての遺跡が多い。例えば、十和田大湯（鹿角市）に残る環状列石である。近くの川原石を組み合わせたもので、日時計ではないか、という説がある。また、集落の実力者の墓墳ではないか、という説もある。いずれにしても、他に類例をみない組石である。

　そして、中期の円筒土器から晩期の亀が岡式土器までの縄文土器の出土例も多い。もっとも、この種の縄文土器の出土は、秋田県下に限ったことではなく、青森県・岩手県にも共通することである。

　しかし、弥生時代になると、秋田県下では遺跡や土器の出土例が減少する。例えば、宮城県と比較するとその傾向が顕著であり、寒冷地なるが故に南方系の弥生文化の移入が鈍かった、といえるのかもしれない。

　秋田県下で本格的に稲作が広がるのは、江戸時代になってからである。秋田藩は、新田の開発と同時に以前から豊富な銀や銅などの鉱山の開発にも努めた。

　秋田藩中興の祖とされる佐竹義和は、殖産興業にいっそう尽力した、と伝えられる。その結果、養蚕・絹織物・醸造・木器（樽・桶漆器・木地こけし）、それに陶器などの産業化が進んだのである。

主なやきもの

白岩焼

　白石窯は、明和8（1771）年に藩窯として角館町白岩に開窯された県内最古の窯である。明治29（1896）年に閉窯されるまで、水甕や擂鉢、徳利・

皿・小鉢などの日常雑器を中心とした製品をつくり続けた。特徴は、重ね掛けされた褐色の鉄釉と青みの強い海鼠釉の対比にある。なお、ここから独立して藩内に窯を持つ者が現れ、栗沢焼・堀内焼など同系の甕や壺類などが焼かれるようにもなった。

　最盛期には、6つの窯に多数の働き手を抱える一大窯業地となった、という。しかし、明治以降は、藩の庇護を失ったことや鉄道の開通による藩外からのやきものの流入によって、次第に衰退していった。そして、明治29 (1896) 年に秋田・山形の県境に発生した陸羽地震によって、窯は壊滅状態となった。その後、わずかな復興をみたが、明治3 (1900) 年には完全に廃業した。

楢岡焼

　楢岡窯は、近世後期からの伝統を受け継ぐ県内唯一の窯である。開窯は、文久3 (1863) 年。楢岡焼は、明治までは白岩焼と並んで水甕や擂鉢、肩口、皿・小鉢などの日常雑器を大量に生産してきた。不況下の昭和前半には素焼きの土器や土管を焼いて命脈を保ち、第2次大戦後に陶器の復活を成した。地元の陶土を生かした硬質の締まりのある焼成と、伝統の海鼠釉や鉄釉、緑釉に特徴がある。特に海鼠釉は、男鹿白という男鹿産の長石を使ったもので、独特の青味を呈してアクセントとなっている。現在、製品は、花器や茶器、酒器などから甕類に至るまで幅広い。

阿仁焼

　阿仁鉱山のルツボの製作のため安永2 (1773) 年に開窯された、と伝わる。明治10年代の銘のある染付大皿などが残されているが、明治中期に廃窯となった。

　昭和47 (1972) 年、京都清水焼で修業した地元出身の矢旗允が阿仁焼復興を目指して開窯。鉄分の多い地元の陶土を生かし、黒から褐色の風合いの茶器など、素朴なおもむきのある生活雑器を焼いている。

秋田焼
あき た

　明治26（1893）年、秋田市の商人奥田道遊が開窯。県内唯一の無釉の
素焼を生産している。

　製品は、急須などの日常雑器が中心であるが、ユニークな作品が一部
好事家に愛好されている、という。例えば、素朴な立体彫刻をした急須は、
茶を注ぐとダルマの目やカエルが飛び出す。また陶土の鉄分のタンニン
が化合して、使うごとに黒光りしてくる。こうしたユーモアや楽しさが
人気を呼んでいるようだ。

五城目焼と松岡焼
ごじょうのめ　　　　　　まつおか

　いずれも現代の作陶である。

　五城目焼は、地元出身の佐藤秀樹が昭和58（1983）年に開窯した。窯
名は冠していないが、地元や県内の愛好家の間で五城目焼と呼ばれてい
る。佐藤氏は、会津本郷（福島県）の宗像窯で修業した後、県内の須恵
沢焼を経て独立。日常雑器を中心とした五城目焼の特徴は、地元の陶土
に購入土を調合することで生まれるチョコレート色から黒の素朴な仕上
がりであろう。また、藁や木灰を使った藁白の製品を目指している、と
もいう。

　一方、松岡焼は、備前（岡山県）と瀬戸（愛知県）で修業した地元出身
の伊藤隆一が、昭和60（1985）年に再開窯したもの（松岡焼は、明治期
いとうりゅういち
に一度廃窯している）。薪焼の箱窯と灯油窯を併用している。製品は、
皿や鉢、壺などの日常雑器が中心である。地元の陶土と、籾や藁灰を生
かした長石透明釉で、窯の中の火の色に似た白っぽい仕上がりが一番の
ちょうせき
特徴といえる。他に、青緑の染付もある。

Topics ● 木器もロクロ成形

　陶磁器の大半は「丸物」である。大型の甕・壺類、小型の碗・鉢・皿などの食器類。これらは、ロクロ（轆轤）で挽き上げる。故に、直径が正円形に仕上がり、丸物といわれるのである。ロクロには、大別すると手ロクロ（手回しのロクロ）・蹴ロクロ（足蹴りのロクロ）があり、これが昭和40年代の経済高度成長期から後は電動ロクロに代わっていく。

　一方、ロクロは、木器の製作にも不可欠であった。このロクロは、垂直面での回転で、ロクロ軸のツメ（金属）に木地を打ちつけ、その回転面にノミ（鑿）を当てて削っていくのである。その職人を、木地師といった。

　特に、東北各地の山地に木地師が住みつき、あるいは移動もしながら、主に食器の木地をつくった。これを山麓の里に運んで、漆を塗って仕上げる。この職人を塗師といった。いわゆる漆器名は、この塗師の住む地名を冠したものが多い。秋田県下では川連漆器がそうである。

　寒冷地での陶磁器づくりが産業化とまでは至らなかったことは、すでにこれまで各県の冒頭でも述べてきたところである。特に、食器として便利な磁器の焼成がままならなかった。近世以降は、有田（佐賀県）や瀬戸（愛知県）の磁器類が流通するようになったが、当初はそれも高価であった。そこで、東北各地では、漆器の食器類が長く使われることになったのである。

　現代では、漆は高価なものとの印象が強かろうが、かつての日常における実用品としての漆器は、塗りの簡単なものも多く、それが庶民の生活を支えてきたことを、忘れてはならないだろう。

Ⅳ

風景の文化編

地名由来

なぜ「秋田」に復帰したか？

　東北6県で藩の名前をそのまま踏襲したのは、秋田県と山形県のみである。そこには戊辰戦争の影響が微妙に影を落としている。全国的に官軍側についた西国の多くの県が大藩の名前をそのまま県名にしたところが圧倒的に多いことは周知の事実である。秋田藩（当時は久保田藩）は東北地方では唯一奥羽越列藩同盟から外れた藩であり、その意味では「久保田県」になっても、不思議ではなかったのだが、藩内部の対立が尾を引いてなかなかまとまらなかったという経緯がある。

　不思議なのは、明治4年（1871）1月、それまで200年以上続いていた「久保田藩」を「秋田藩」に変えていることである。そして同年7月の廃藩置県では「秋田県」が成立し、さらに11月には今の県域全体が「秋田県」に統合された。一見、スムーズに見えるが、その背景に何があったか。

　もともとこの地は中世の初め、秋田城介（じょうのすけ）が支配していたが、その後安東氏が支配することになる。しかし、安東氏は関ケ原で豊臣方に組んだため転封され、その代わりに水戸の佐竹氏が秋田に移されることになった。慶長8年（1603）、佐竹義宣（よしのぶ）は秋田入りして久保田城を営んだ。それ以降、秋田の地は久保田城20万石の城下町として栄えてきた。それをなぜ明治になって「秋田城」に変えたのか。明確な資料は残っていないが、新しい時代を迎えて、昔ながらの古い地名を復活させようとしたとされている。

　「秋田」が文献として最初に見られるのは『日本書紀』の斉明天皇4年の条に、蝦夷を征伐に行った時の記録として残されているものである。

　斉明天皇4年（658）4月、阿部臣（あべのおみ）は、180艘の船軍を率いて蝦夷を討伐した。「齶田（あぎた）」「淳代（ぬしろ）」2郡の蝦夷は恐れをなして降伏を申し出た。そこで蝦夷たちを大いに饗応して帰したという。

　ここに出てくる「齶田（あぎた）」が「秋田」のルーツとされている。谷川健一は、この地を長く支配するようになった秋田氏にはその昔神武天皇に敗れた日（ひの）

本一族の流れが伝わっていると推測している。それほどこの「秋田」には
深い歴史が伝えられている。

とっておきの地名

①阿仁　　　昔からマタギの里として知られる、阿仁川・小阿仁川流域の
総称で、「安仁」「阿二」とも書いた。天正19年（1591）の豊臣
秀吉朱印安堵状写に「秋田郡小阿仁村」とあるのが資料としては初見だと
される。戦後の昭和30年（1955）に阿仁合町と大阿仁村が合併して「阿
仁町」となったが、平成17年（2005）には北秋田郡の鷹巣町・合川町・
森吉町と合併して「北秋田市」という市の一部になってしまった。

「阿仁」は珍しい地名だが、その由来として、この地を訪れた菅江真澄が、
「米ガ沢・釜ガ沢の両地域に平安期の高倉長者の嫡庶子が拠り、大兄・小
兄を称した」という古老の話を収録している。（『角川日本地名大辞典 秋
田県』）十分あり得る話である。

およそ700年前に発見されたという阿仁鉱山は金・銀・銅の採掘で栄え、
とりわけ銅の生産量は我が国一だったが、昭和45年（1970）閉山した。
当地には「笑内」「糠内」「粕内」などの「川（ナイ）」を示すアイヌ語地
名が多く分布している。

②川反　　　言わずと知れた秋田市の繁華街（飲み屋街）である。「カワ
バタ」と言えば、一般には「川端」しか漢字が思い浮かばない。
ところが、ここは「川反」である。江戸時代から明治の終わりまでは実は
「川端」と書かれている。「旭川」という川の川端だったからだ。もともと
この旭川は北に位置する太平山から流れ出るごく普通の川だった。ところ
が、関ケ原の戦いの後、常陸国から移された佐竹義宣が窪田神明山に城を
築く際に、この川を外堀として位置づけて「旭川」と命名したという。

現在の秋田市の中央をほぼ南北に流れ、久保田城（秋田城）のすぐ西側
に位置しており、武家地から見ると「反対側」にあるところから「川反」
になったのだという。

③栗駒山　　　岩手県一関市、宮城県栗原市、秋田県雄勝郡東成瀬村にま
たがる山で、新緑・紅葉が美しいことで知られる。標高

1,626メートルで、なだらかな高原を成している。昔は駒ケ岳、酢川岳などとも呼ばれた。宮城県の栗原地方から見て、雪解けの時期になると残雪が駒の形に見えるので駒ケ岳と呼んでいたが、岩手県和賀地方に駒ケ岳（1,130メートル）があるので、栗原郡の名前から「栗」をとって「栗駒」としたという。

④後生掛温泉
八幡平の一角、標高1,000メートルの地点にある秘湯として知られる。こんな伝承がある。

　昔、三陸地方からやって来た九兵衛という男がこの地で病に伏していた時、通りがかりの恐山巡礼の女性に助けられ、回復後一緒に暮らしていた。数年後九兵衛の妻がこの地を訪れた際、巡礼の女は温泉地の谷に身を投げたという。それを知った九兵衛の妻も、「後生」（死後再び生まれ変わること）を「掛」けて身を投じたという。以降、この地を「後生掛」と呼ぶようになった。

　伝承なので真偽は不明だが、これに似たことがあったと考えていいだろう。

⑤五城目
「五城目町」は、秋田市の北30キロメートルに位置する町。『和名抄』に最北の村として記されている「卒浦郷（いさうらごう・いそうらごう）」は今の五城目辺りだと言われている。

　昔は「五十目」「五拾目」「五十野目」とも書き、「いそのめ」とも呼んだらしい。「卒浦」を「いそうら」と読むと、「磯浦」という漢字がイメージされてくる。この地は八郎潟の東側に位置し、かつて八郎潟が海であった頃は、日本海に面する「磯浦」であったと推測される。「率」は「五十」になり、江戸期から「五十目村」で、読み方も「ごじゅうめ」「いそのめ」と読まれていたが、明治29年（1896）に「五城目町」となり、読み方も「ごじょうめまち」と統一された。

⑥狙半内
旧増田町の地名で、『釣りキチ三平』で知られるマンガ家矢口高雄の生地。今は合併によって横手市の一部になっている。「狙半内」の「内」はアイヌ語で「川」を意味することは自明であり、ここを流れる狙半内川を指している。「サル」はアイヌ語で「葦原」を指

すとも言うが、「狭い」を意味する和語である可能性もある。「ハ（パ）」はアイヌ語で「上流」という意味だという。狙半内川は成瀬川の支流で、確かに上流にある。

⑦ 十文字 (じゅうもん じ)　「十文字町」は秋田県の東南部にあった町。平成17年（2005）の大合併で増田町・平鹿町・雄物川町などとともに横手市の一部になった。もとは羽州街道と増田街道が十文字に交わる辻で、昔から「増田十文字」と呼ばれていた。この辺は冬季の雪などで道に迷う旅人が絶えなかったので、増田町通覚寺の天瑞和尚が道標を刻んだという。天保11年（1840）「十文字新田村」ができ、それが中核となって「十文字町」が発展してきた。

⑧ 乳頭温泉郷 (にゅうとうおんせんきょう)　秋田県というよりは、日本を代表する温泉郷と言ってよいだろう。鶴の湯に代表される乳白濁のお湯が特徴的なので、「乳頭」という名前がついたのかと思いがちだが、そうではない。この温泉名は背後にある乳頭山（1,478メートル）の山名に由来する。この山は、山頂が乳頭の形をしているところから「乳頭山」と呼ばれてきた。それはしかし、秋田県から見た場合で、岩手県からは烏帽子状に見えるので「烏帽子岳」と呼ばれている。同じ山なのに2つの名前を持っているのも珍しいし、不思議である。

乳頭山は田沢湖の北に聳える駒ケ岳のさらに北沿いの尾根上にある。何度かトライして、ついに駒ヶ岳からその乳頭山の乳頭を見ることができた。地元の人に聞いたところでは、「20歳くらいの乳頭だべがなあ」ということだった。

「鶴の湯」「黒湯」「孫六」「蟹場」「大釜」などの個性豊かな温泉が楽しめる。

難読地名の由来

a.「笑内」（北秋田市）b.「雪車町」（由利本荘市）c.「槐」（能代市）d.「婦気大堤」（横手市）e.「五十土」（由利本荘市）f.「商人留」（大館市）g.「朴瀬」（能代市）h.「象潟」（にかほ市）i.「海士剥」（由利本荘市）j.「高塙」（能代市）

【正解】

a.「おかしない」（アイヌ語で川下に小屋のある川）**b.**「そりまち」（文字通り「そり」に「雪車」という漢字を当てた）**c.**「さいかち」（マメ科の落葉高木に由来する）**d.**「ふけおおづつみ」（「婦気」は低湿地帯の意味で、そこにある大堤を意味する）**e.**「いかづち」（「イカヅチ」は雷のことで、全国に分布する）**f.**「あきひとどめ」（商人が滞在したところから）**g.**「ほのきせ」（「朴」はエノキのことで、エノキの生えている瀬ということになる）**h.**「きさかた」（かつてここにあった潟湖に由来する）**i.**「あまはぎ」（海人族が住んだ所で、ハギは崖を意味する）**j.**「たかはな」（土地が高いことを示す）

商店街

広小路商店街（秋田市）

秋田県の商店街の概観

　秋田県は、日本海側の男鹿半島付近から山形県境までの中央部、米代川流域の県北、横手盆地を中心とする県南に分けられる。中央部は秋田市の影響が強いが、近世に小藩が分立していた南部には本荘、仁賀保が副次的中心地として存在した。米代川流域では河口の港町能代と中流域の大館の2つの中心地があり、特に鉱山や木材を背景に発達した大館は長く秋田県第2の都市と言われてきた。横手盆地は集落密度が高く、横手のほか大曲と湯沢などの中心地が存在する。東部の山地には岩手県側と結ぶ交通路が数本通じており、これらの街道に沿って小規模な交通集落、交易集落が立地していた。県北では鉱山開発が盛んで、小坂、尾去沢、花輪などの大規模鉱山では露店から成長した定期市が発達した。

　2014年の小売業販売額を見ると、秋田市が最大で県全体の32.6％を占めている。横手市、大仙市、大館市、由利本荘市、能代市が5％以上で商業集積量が大きい。商圏では、秋田市の商圏が最も広く、県中部から南部を覆っているが、能代川中流域は秋田市との移動時間がかかるため、青森県弘前市との関係が強いと言われている。

　秋田市の中心商店街は城下町時代に町人町であった通町、大町の地区と、武家地が商業地区に代わった商店が立地した広小路から秋田駅前にかけての地区からなり、後者は百貨店をはじめ大型商業施設の立地により中心商店街らしい装いを見せているものの、郊外ショッピングセンターの出現による衰退傾向が強い。その他では、雄物川河口に位置し久保田藩（秋田）の外港として発展した土崎の商店街が比較的大きい。県南では羽州街道などの街道筋の町場から発達した商店街が多いのが特徴で、なかには、増田（横手市）のように歴史的街並みを活かして活性化につなげているところもある。なお、「みちのくの小京都」とも呼ばれる角館は、武家屋敷群が

全国的にも知られ人気があるが、商店街は小規模である。県南では秋田新幹線や秋田自動車道の開通などによる変化があり、秋田新幹線のルートから外れた横手市の場合、駅前再開発により商業中心性を維持しようとしているが、従来の中心商店街に与えた影響は無視できない。このほか、花火で知られる大仙市大曲の「花火通り商店街」、湯沢市の「柳町商店街」（「犬っこ通り」）が地域の商店街としてがんばっている。県北では米代川中流域には鷹巣盆地、大館盆地、花輪盆地が並んでおり、農業生産や林業、鉱山開発などを背景に北秋田市「鷹巣商店街」、大館市「大町商店街」、鹿角市「花輪商店街」といった規模の大きな商店街が形成され、自立的商圏を形成している。

　秋田県は青森県や岩手県北部とともに市場（いちば）商業が遅くまで残存してきたところで、食料品や日用品の購買先になってきた。1980年頃でも、米代川流域や横手盆地を中心に県内で40カ所を超える定期市が確認されており、現在も上記地域を中心に定期市が多数見られる。商店街で扱っていない商品を購入できる場であるだけでなく、季節を感じることのできる場でもある。秋田県の商店街を巡る際には、商店街と共存してきたとも言える市も覗いてみたいものである。

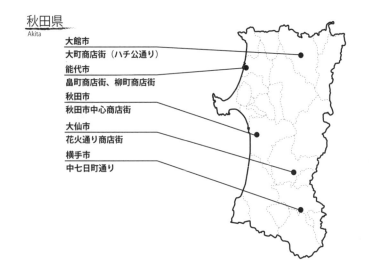

秋田県
Akita

大館市
大町商店街（ハチ公通り）
能代市
畠町商店街、柳町商店街
秋田市
秋田市中心商店街
大仙市
花火通り商店街
横手市
中七日町通り

秋田市中心商店街（秋田市）

—大型施設の多い商店街と町人町起源の商店街—

　駅の西側に広がる中心商店街は、旭川を境に東側の広小路商店街、駅前商店街と西側の大町商店街、通町商店街などからなる。広小路商店街の南に中央通商店街があったが、店舗が少なくなったことから2010年に振興組合を解散した。江戸時代、東側の内町は侍町、西側の外町は町人町で、その後の商業地の形成や現在の様子も異なっている。

　広小路には明治に入り県庁や市役所など官公庁が集中し、1902年に設置された秋田駅との間は連隊の兵営などが占める地になっていた。1960年代に官公庁が市街地西方の山王地区に移転し、跡地に大規模小売店が立地し商業地区になった。駅前地区でも戦後兵営がなくなると商店などが建つようになり、1970年代後半の市街地再開発事業により様々な商業施設やホテルなどが林立するようになった。平成に入る頃から郊外に大型店が出店し、ロードサイド店が増え、さらに中心市街地から赤十字病院や県立図書館の移転が続くと、大型店の閉鎖や撤退が相次ぎ、中心商店街の空洞化が進んだ。1950年に百貨店営業を始め「秋田の三越」と言われた広小路の木内百貨店も、1991年に売り場面積を大幅に縮小している。一方で、2012年に病院等の跡地に賑わい交流館や賑わい広場、商業施設、住宅棟からなる「エリアなかいち」が整備された。商業地区から文化・学術・交流など多彩な機能を持った地区に変わりつつある。

　町人町に起源を持つ通町と大町は、江戸時代から現在に至るまで秋田の中心商業地であり、それぞれ100店ほどある。大町商店街の南側には日本銀行秋田支店をはじめとするオフィスが立地し、秋田魁新報社跡地は大型商業施設とホテルになっている。なお、日本銀行南側の竿燈大通りは竿燈まつりの会場になる。一方、通町商店街は、商店街近代化事業により整備された広い歩道のある落ち着いた街並みの商店街になっている。食料品スーパーや書店、眼鏡店などの物販店のほか、医院、銀行などが並び、なかには明治時代創業の菓子店も存在する。2010年から大町商店街と通町商店街が連携して「商店街すごろく」を開催している。家族連れを中心とした参加者はすごろくの要領で各商店を巡るというもので、商店街を再発見し、買い物へいざなう効果が期待されている。

畠町商店街、柳町商店街（能代市）

―木都の中心商店街―

　能代駅前から県道205号線沿いに北へ（市役所方面へ）伸びるのが畠町商店街で、途中から西へ柳町商店街が分岐しており、いずれも50店ほどで構成されている。周辺の商店街とともに中心商店街を形成している。

　米代川河口に位置する能代は、流域の秋田杉などを背景に木都能代として発展してきた。明治から大正期の繁華街は米代川に近い万町、大町から畠町にかけてで、柳町界隈には花街があった。1908年の能代駅開設後、駅方面にも商店が建つようになり、日用品や食料品、飲食店の多い商店街が形成された。戦後、2度の大火後、復興事業として県道は30mに拡幅され、広い通りの両側に呉服店、洋品店、靴・鞄店など専門性の高い業種が集積し、人通りも多く賑わっていた。現在も多様な商店が並び、なかには江戸時代創業の飴屋のほかローソク屋、武具店なども存在する。商店街の先はオフィス、官公庁が多い通りになっている。

　かつて花街であった柳町には、戦後、銀行や病院が立地し商店も集まり、しゃれたアーケードと歩道の植込みが印象的な商店街になっている。国道101号線沿いに位置するイオンが入る能代ショッピングセンターは、柳町商店街振興組合とジャスコの共同出資で1986年に設立された能代中央都市開発が建設したもので、1990年にオープンし、中心商店街の核店舗になっている。2006年に資産はイオンに譲渡され、会社は解散した。

大町商店街（ハチ公通り）（大館市）

―ハチ公生誕地の商店街―

　県東北部に位置する大館は、木材・木製品、鉱山により発展し、長く県内第2の都市と言われたが、現在は地盤沈下傾向にある。県都秋田市へは特急でも1時間以上かかり、独立的な商圏を形成していた。交通の中心、奥羽本線大館駅（1899年開業）は市街地中心まで2km以上離れており、市街地中心の最寄駅は花輪線東大館駅（1914年開業）である。大町商店街は東大館側にあり、馬木川の北は御成町の商業地になる。江戸時代、現在の市役所近くにあった大館城に城代が置かれ、城近くの内町は侍町、西側の外町は町人町になっていた。大町はその当時からの商業地区で、1956年の大火で一帯は焼失するものの、1959年に老舗の地元呉服店「正札竹村」が百貨店となるなど1980年頃まで県北の広域商店街として賑わっていた。

1988年に御成町に大型店が立地すると、正札竹村の経営は悪化し、2001年廃業に追い込まれた。その後も、郊外店の拡大や鉱山閉山などにより中心商店街では空き店舗が目立つようになり、様々な対策を取ったがなかなか効果が上がらなかった。その頃から、大館が忠犬ハチ公の生誕地であることから、ハチ公と関連づけたまちおこしが始まり、2009年には通りの愛称を「ハチ公通り」とし、ハチ公ブランドのTシャツやトートバックなどを企画、販売するようになった。また、アートによる市街地の活性化を図るため「ゼロダテ」を組織し、空き店舗を利用してアート展の開催やZAC（交流施設）の開設などを行っている。現在、呉服、時計、スポーツなどの物販店や飲食店などが存在し、地元特産の比内地鶏やきりたんぽを提供する飲食店もある。また、商店街中ほどには「まげわっぱ体験館」もあり、地域性が感じられる。

　毎年2月の第2土曜日と翌日はハチ公通りが歩行者天国になり、県内外からの人出で賑わう。400年を超える歴史のある「アメッコ市」で、ミズキの枝に飾り付けられたカラフルな「枝あめ」など様々な飴を販売する露店が並び、秋田犬パレードも行われる。「飴を食べると風邪を引かない」と農村地域で行われていた小正月の行事が始まりで、地域との結び付きを感じさせるものである。

中七日町通り（横手市）

―内蔵のある商店街―

　横手盆地の南東部、増田にある商店街。最寄りの奥羽本線十文字駅から4kmほど離れている。2005年横手市に合併した増田は葉タバコや生糸の生産地や鉱山開発を背景に近世から近代にかけて流通、商業の拠点として繁栄し、増田銀行（北都銀行の前身）も創設された。

　町の中心部を貫く中七日町通り（愛称：くらしっくロード）は、南北約400mの間に大型2階建ての切妻造り妻入りの商家が並び、印象的な街並みを形成している。30店ほどのなかには業種を変えた店もあるが、味噌、酒の醸造業から肥料店、金物店、昆布店などかつての業種を引き継いでいる店舗も見られる。しかし、増田の商家の特徴は内蔵にあり、2013年に重要伝統的建造物群保存地区に指定された。内蔵とは主屋とその背面に建てられた土蔵全体を「鞘」と呼ばれる上屋で覆ったもので、豪雪地帯における雪害から保護するためにこのような造りになったと言われている。物品を収納する「文庫蔵」だけでなく、座敷を有し当主や家族の私的空間と

して利用される「座敷蔵」が多いのが、商業都市として栄え雇人も多かった増田の特徴である。通りに面した店舗部分からは容易にうかがうことはできないが、一部公開されている蔵もある。商店街の中ほどにある「蔵の駅」は旧金物店が横手市に寄贈したもので、観光案内所兼物産販売所となっている。その向かいの「朝市通り」では、毎月2、5、9の付く日に農家や商店の露店が並び、山菜や苗もの、キノコといった旬を感じさせる品も多く、地元住民にも人気がある。朝市の起源は江戸時代に遡り、増田の商家とともに歩んできた歴史がある。

花火通り商店街（大仙市）
―普段の賑わいを目指す花火の街の商店街―

　奥羽本線大曲駅で降りると、駅前に花火通り商店街のアーチが迎えてくれる。ここから丸子橋まで約500m続く商店街で、以前は「サンロード一番街～三番街」と呼ばれていたが、全国花火大会（大曲の花火）では会場へのルートになることから「花火通り」と呼ばれるようになった。西側は尺玉商店街である。花火の街の中心商店らしく、道路標識などに花火大会の公式キャラクター「つつどん」「たまどん」が描かれている。

　大曲は交通の要衝に位置し、古くから舟運の集積地として栄えてきた。洋品店や婦人・紳士服仕立屋、文具店、酒屋、乾物屋、米屋など50店ほどの商店が並んでいるが、郊外型店舗の増加などにより、空き店舗、空き地も目立っている。商店街中ほどの「花火庵」は空き店舗を活用した賑わい創出施設で、花火関連展示施設にもなっている。また、長く本商店街の核店舗であった地元百貨店タカヤナギは、郊外に大型ショッピングセンターがオープンしたのを機に百貨店を閉鎖し、建物を解体してスーパーマーケット・グランマートに転換した。

　中心市街地活性化の柱の1つとして高齢化に対応したまちづくりが挙げられており、駅近くにあった核店舗ジョイフルシティ大曲跡（2008年閉店）には厚生医療センターなどが設けられた。商店街内でも大仙市健康文化活動拠点センター「ペアーレ大仙」が開設されたが、買い物客の増加には結び付かず、利用者は減少傾向にある。花火大会時の賑わいだけでなく、普段から人が訪れる商店街づくりが課題である。

花風景

秋田駒ヶ岳のチングルマ

地域の特色

　西は日本海に臨み、他の三方は北の白神山地、西の奥羽山脈と火山帯、南は丁岳山地・神室山地に囲まれ、古くは隔絶の地であった。近世には北前船の西廻り航路で上方とつながり、発展した。佐竹氏秋田藩は豊富な鉱物資源と森林資源によって藩財政を潤し、現在も秋田、角館など佐竹氏一族の城郭跡や城下町などが遺産として多く残っている。第2次世界大戦後、食糧増産のため、八郎潟の海跡湖が大規模に干拓され、農地に生まれ変わった。日本海側の冷温帯の気候となっている。

　花風景は、近世の武家屋敷・近代の河川堤防・城郭跡公園・現代の干拓地のサクラ名所、寺院のアジサイ、里山の林内湿地のミズバショウやそのほかの山野草、山岳の高山植物などが特徴的である。

　県花はNHKなどの公募によって選ばれたキク科フキ属の草花のフキノトウ(蕗の薹)である。フキノトウは厳密にいえば早春に地表に出てくる花のつぼみを持つ茎であり、花を呼ぶ場合はフキの花が適切である。フキノトウはみずみずしい新緑によって春の訪れを告げ、美しくもある。フキは雌雄異株で雄花と雌花がある。山菜として食することができる。

主な花風景

角館武家屋敷・桧木内川堤のサクラ

＊春、天然記念物、名勝、日本さくら名所100選

　仙北市角館は現在も藩政時代の地割が踏襲され、武家屋敷などの建造物が数多く残されており、「みちのくの小京都」とも呼ばれる。角館のシダレザクラは、武家屋敷の黒塀の中に群れて咲く風景が評価されている。風情ある城下町の武家屋敷の両側から長く垂れ下がるシダレサクラの薄い紅色の花と黒塀が見事に調和している。このシダレザクラは、角館北家2代目佐竹義明の妻が嫁入り道具の一つとして持ってきたのが始まりとされ、樹

齢300年以上の老樹など約400本が古い武家屋敷の中に植えられており、このうちの162本が国の天然記念物に指定されている。武家屋敷のサクラの90％以上は、「エドヒガンザクラ」の変種であるシダレザクラである。

また、檜木内川堤のソメイヨシノは1934（昭和9）年に皇太子明仁親王（当時）の誕生を祝って植えられたもので、堤防上に2列に植えられたサクラによって1,850メートルにわたる花のトンネルが形づくられている。97（平成9）年の河川法改正によって、堤防の上や川側の斜面に木を植えることが、治水に影響があるとして事実上できなくなった。このため、桧木内川堤でもサクラを伐採して芝を植えるという計画が立てられたが、サクラ並木を守ろうと住民が動き、町が議会に提案して堤を町道に認定、「堤防上のサクラ」ではなく「町道の並木のサクラ」となったことで切らずに残され、さらにその風景は高い評価を得て国の名勝の指定を受けるに至った。

国民の生命を守るため堤防のサクラを切らざるを得ない地域が多いなか、市民の知恵でサクラが守られた稀有な例であるが、サクラを植えても堤防の安全が確保できるように河川工学の進歩が望まれる。

千秋公園のサクラ　　＊春、史跡、日本さくら名所100選

千秋公園は、秋田市にある面積16.29ヘクタールの都市公園で、1602（慶長7）年から267年間続いた秋田藩20万石佐竹氏の居城、久保田城の本丸・二の丸跡地に整備された。千秋公園のサクラは、1892（明治25）年、後に秋田市長となる羽生氏熟を総代とする「有終会」の寄付によって植えられた1,170本のサクラに由来する。現在公園内にはソメイヨシノ693本、ヤマザクラ33本、ヤエザクラ26本などが植えられており、復元された久保田城御隅櫓などを背景に老成したサクラの巨木が美しい花を咲かせる。

千秋公園の設計は長岡安平が行っている。設計に際して、長岡は久保田城の歴史的遺構をよく残している土塁や御池などの城跡の活用、そしてサクラ並木や城跡の風情を伝えるマツなどの景観木の配置、さらには技巧を避け、太平山の借景まで取り入れ、自然の風韻をそのまま写し出すことを設計理念として表現している。

現在の千秋公園のサクラは老木化し、根元の踏圧など必ずしも良好な状態とはいえず、樹勢の衰退が進んできている。このため、秋田市では2000（平成12）年度から土壌改良などの樹勢回復作業を計画的に進めてきたが、

08（同20）年度調査では約半数が衰退もしくは枯れている状態となっていることが判明したことから「さくらオーナー制度」などによる市民のさくらの保全・育成に対する気運が高まってきている。11（同23）年秋田市は「千秋公園さくら再生基本計画」を策定、長岡安平の設計理念を引き継ぎつつ市民と協働して計画的にサクラの更新などが行われている。

真人公園のサクラ　＊春、日本さくら名所100選

　真人公園は、横手市増田町にある都市公園である。大正天皇即位記念事業として1917（大正6）年に整備された真人山（391メートル）一帯を園域とする公園である。真人山の深い緑が背景となり、苑池の周りに植えられたサクラやウメ、ツツジ、リンゴなどの白やピンクの花々が鮮やかに引き立って秋田県内屈指のサクラの名所となっている。

　「真人」の名は平安時代の武将前九年の役の立役者清原真人武則に由来するとされる。造園は秋田県内の千秋公園、横手公園などを設計した長岡安平による。サクラは、大正天皇の即位記念事業として1917年に植栽が始まり、現在ではソメイヨシノ、ヤマザクラなど約2,000本が植栽されている。

　真人公園には、「リンゴの唄」の碑がある。『リンゴの唄』は1945（昭和20）年の戦後第1作の映画『そよかぜ』の主題歌として主演の並木路子が歌ってヒットした歌謡曲で、真人公園がある横手市増田町がロケ地であったことにちなんでいる。

大潟村菜の花ロードのサクラとナノハナ　＊春

　八郎潟は、男鹿半島の付け根にある湖で、かつては面積220平方キロと日本の湖沼面積では琵琶湖に次ぐ第2位であったが、大部分の水域が干拓によって陸地化され、陸地部分が大潟村になった。平坦な干拓地の中をまっすぐに走る道路の両側に咲く満開のサクラの薄桃色とその下の黄色のナノハナが遠近法の消失点まで続く風景は大変素晴らしく、殊に青空の下では鮮烈なコントラストを描く。サクラの花が終わっても約1カ月はナノハナが咲き続けるため長く花見を楽しむことができる。

　大潟村のサクラ並木は、大潟村創立20周年の記念事業として1984（昭和59）年から3年にわたり県道の両側約11キロにわたりソメイヨシノ、ヤマザクラなど合計3,000本が植栽されたことに始まる。大潟村が創立50周年

を迎えた2014（平成26）年にはさらにソメイヨシノ1,000本が植栽された。これらの植栽は多くの村民の手で行われている。17（同29）年現在3,600本のサクラが花を咲かせるようになった。

　サクラの木の下にはナノハナが植えられている。大潟村のナノハナの栽培は1991（平成３）年から始まる。景観作物としてナノハナの栽培のアイディアが出され、その栽培を大潟村耕心会が請け負ったことから始まる。会は試行錯誤しながら栽培に取り組み、94（同６）年の春にナノハナ畑や村内の県道沿いなどにナノハナが咲くようになった。大潟村のナノハナは作物としてよりも景観形成が主体であることから、毎年同じ場所で栽培が行われる。ナノハナは連作を嫌うため毎年同じ場所で美しいナノハナを咲かせられるよう研究が重ねられている。

刺巻湿原のミズバショウ　*春
<small>さしまき</small>

　刺巻湿原は仙北市の田沢湖線刺巻駅から徒歩15分の場所にあり、３ヘクタールの湿地のハンノキ林に６万株のミズバショウとザゼンソウ、カタクリなどが咲く。雪が残る中でまずザゼンソウが開花する。ザゼンソウは高さ10センチほどで濃い赤紫色の苞（仏炎苞）に包まれた黄色い花の塊（肉穂花序という）を持つ。開花すると肉穂花序でみずから発熱し約25℃に達することから周囲の氷雪を溶かし、いち早く顔を出すことができる。ザゼンソウは英名をスカンクキャベツという。悪臭と温度でハエ類をおびき寄せ受粉するといわれている。

　雪解けが進むと湿地帯のハンノキ林の中には清冽な小川が雪を解かしながら流れる。こうした小川沿いから小さなミズバショウが顔を出す。少し遅れて湿原全体に一面にミズバショウの白い仏炎苞が開き白い絨毯のような風景となる。やがて、緑の葉も伸びてきて白と緑の明るいコントラストを描くようになる。ハンノキ林内には縦横に木道が整備されており、すぐ近くでミズバショウの花を楽しむことができる。ミズバショウの花はザゼンソウとは異なりほんのりと甘い香りを放つ。風のない静かな暖かい日にはハンノキ林全体がうっすらと甘い香りに包まれる。

　木道を奥に進むとほんの少し高く乾いた所に出る。ここにはカタクリやキクザキイチリンソウなどが群生しており、晴れて暖かい日中には一面に咲くピンク色のカタクリやキクザキイチリンソウの青や白の可憐な花を見

ることができる。

西木町のカタクリ　＊春

　仙北市西木町の特産品「西明寺栗」の栗林の林床には約20ヘクタールにわたってカタクリが群生している。山々が本格的に緑に覆われる前に栗畑が一面カタクリの淡い赤紫色で埋め尽くされる。カタクリの花の見頃は角館のサクラが咲く頃と重なっており、サクラとカタクリの花見をはしごする観光客も多い。

　当地でカタクリが群生するようになった理由は、栗の木の剪定や間伐により日当たりが良くなったこと、堆肥がカタクリの群生に適した栄養分になったこと、徹底的な草刈りが行われていることなどによってカタクリの生育に適した環境がつくられたためと考えられている。

　西明寺栗は、仙北市西木にある西明寺地区特産の大粒のクリである。起源は約300年前関ヶ原の合戦後、秋田藩主となった佐竹義宣が和栗の原産地である京都の丹波地方や岐阜の養老地方から栗の種を取り寄せ、栽培を奨励したことにあるとされる。西明寺栗の生産量は「幻の栗」といえるほど希少なものとなっている。

　カタクリの群生地には散策コースが幾つかあり、群生地ごとに茂右工門、万太郎、長七などの屋号がついているのがいかにも鄙らしい。

秋田駒ヶ岳の高山植物　＊春・夏、十和田八幡平国立公園、天然記念物

　秋田駒ヶ岳は、秋田県仙北市と岩手県岩手郡雫石町に跨る活火山である。十和田八幡平国立公園の南端部に位置し標高は1,637メートルである。山頂部には北東―南西方向に二つのカルデラが並び、本峰の男岳（1,623メートル）や現在も火山活動が活発な火口丘の女岳（1,512メートル）、寄生火山の男女岳（1,637メートル）からなる。複雑な火山地形や積雪が遅くまで残る雪田など多様な環境を反映した高山植物群落が発達していることから1926（大正15）年、秋田駒ヶ岳高山植物帯として国の天然記念物に指定された。

　駒ヶ岳8合目までは車道があり、比較的楽に上ることができる。男岳の風衝地にはイワウメ、イワヒゲ、ミヤマウスユキソウなどの乾燥に強い植物が見られ、阿弥陀池の周囲やくぼ地の雪田にはチングルマ、ヒナザクラ、

アオノツガザクラ、イワイチョウ、エゾツツジなどを見ることができる。活動を続ける女岳の東側にムーミン谷と呼ばれる谷があるが、残雪期には雪解けとともにチングルマの白い可憐な花が一面に咲き乱れる。

また、大焼砂ではコマクサが大群落を形成している。火山砂礫地であり強い風が打ちつける斜面一面に、独特の青緑色の葉とその名の由来である馬の顔のような形をしたピンクの花を咲かせる。他の植物を寄せ付けない過酷な環境に咲く孤高の高山植物の女王コマクサによって斜面一面がピンク色に染まる風景は他の追随を許さない規模の美しい風景となって登山者を楽しませる。

秋田駒ヶ岳の特徴は、多様な環境に生きる高山植物の姿を見ることができるところにある。

雲昌寺のアジサイ　＊夏

雲昌寺は男鹿市北浦にある曹洞宗の寺である。寺の境内一面に青く咲き誇るアジサイの風景が素晴らしいと数々のメディアやSNSの投稿で取り上げられ、近年では絶景スポットとして注目を浴びている。雲昌寺の副住職古仲宗雲が15年以上かけて育てた1,200株以上のアジサイは、1株から挿し木（株分け）で増やしたクローンで、1株につく花の数が多く満開の頃には寺一面がほぼ同じ色調の青色に染まるのが特徴である。

アジサイの語源は、「藍色が集まったもの」を意味する「あづさい（集真藍）」といわれている。雲昌寺のアジサイは、まさに藍の集まった花の集団で全体が鮮やかな青色を呈する。全国には多くのアジサイの名所があり、その多くはさまざまに変化する花の色やさまざまな花の形のアジサイを愛でるものであるが、雲昌寺のアジサイはこれまでのアジサイの楽しみ方とは異なり、青一色を楽しむしつらえとなっている。クローンのソメイヨシノと同じく、クローン栽培されたアジサイを育てることによって、同じ色、形が集合した深く鮮やかな青一色の独特の風情をつくり出している。寺からは北浦の港町や男鹿の海を望むこともでき、アジサイの青と海の青を楽しむことができる。

公園 / 庭園

国立公園秋田駒ヶ岳

地域の特色

　秋田県は南北に長く、西は日本海に臨み、他の三方は北の白神山地、西の奥羽山脈、南は丁岳山地・神室山地に囲まれ、古くは出羽の国の一部であったが、北部の鹿角が東西の唯一の交通路という隔絶の地であった。奥羽山脈は東日本火山帯の旧那須火山帯が重なり、十和田湖、八幡平、森吉山、乳頭山、秋田駒ヶ岳、栗駒山と景勝地を連ね、山麓には風情を残す温泉地が多い。11月から3月まで降雪期で、奥羽山脈からの河川が日本海に注ぎ、豊かな平野を形成して米どころとなってきた。

　木曽のヒノキ、青森のヒバとともに秋田のスギは日本三大美林と称され、豊臣秀吉の命で上方に運んだこともあった。近世には北前船の西廻り航路で上方とつながっていた。地下資源が豊富で、近世には新田開発とともに鉱山開発も盛んに行われた。明治時代に秋田鉱山専門学校が開設され、戦後、秋田大学鉱山学部（現工学資源学部）に生まれかわったのも、この風土と伝統によるものである。鉱物資源は豊富な森林資源とともに、秋田藩の財政を潤していた。江戸中期の18世紀後半、秋田藩主の佐竹義敦（曙山）は進取の気性に富み、洋画に関心をもってわが国最初の西洋画論『画法綱領』『画図理解』を著し、写実、遠近法、陰影法などを解説する。鉱山開発の指導などで招いた平賀源内はわが国で最初に油彩画を描いた人物であるが、曙山は藩士の小田野直武に源内から洋画を学ばせる。こうして安永・天明年間（1772～89）に秋田蘭画と呼ばれる独特の洋風画が生まれる。この話は美術史の一こまにすぎないが、虚構の名所絵ではなく、写実の風景画の理解が後の西欧の近代のロマン主義的な風景の受容に寄与したと考えられる。

　奥羽山脈の脊梁は近代的風景観に基づき国立公園か国定公園になっている。都市公園は秋田県の近代化をテーマにしたものが見られる。

🔲 十和田八幡平国立公園八幡平・秋田駒ケ岳

＊天然記念物、日本百名山

　八幡平は岩手県の項で述べたが、秋田県側にも長沼、大沼、大谷地湿原など多くの沼や高層湿原が点在している。山麓には、古くからの玉川温泉、蒸ノ湯、後生掛温泉など数多くの温泉があるが、奥地であることから利用が盛んになったのは明治以降といわれる。活発な噴気・噴湯・噴泥などの地獄現象が見られ、泉質、湯量ともに豊富である。泥火山やマッドポットと呼ばれる噴泥現象も確認できる。ここでは、岩盤浴やオンドル式温浴などもでき、昔ながらの自炊をしながら長期間湯治ができる温泉地も残っている。秋田駒ヶ岳（1,637 m）はカルデラに男岳、女岳、男女岳、小岳などの中央火口丘をもつ火山であり、1970（昭和45）年に噴火している。山頂からは東北の山並みが展望でき、眼下に田沢湖（国立公園外）がたたずむ。古くからの山岳信仰の地でもあった。駒ヶ岳や白根山の名は東日本に多いが、区別するために地名を付している。駒ヶ岳の名の由来は諸説あるが、アイヌ語の「コマケヌプリ」（塊の山）の語源に由来するという説や春先の残雪が疾駆する馬の形に似ているという説がある。秋田駒ヶ岳の火山活動による砂礫地には、通常の植物は根づかないが、コマクサ、タカネスミレ、イワブクロなどの生育地となり、また、一帯は乾燥に強いガンコウランや湿地を好むチングルマなど、多彩な高山植物の宝庫となっている。北には烏帽子岳（乳頭山）が連なり、山麓に乳頭温泉郷がある。

🔲 鳥海国定公園象潟　＊天然記念物

　鳥海国定公園は鳥海山を中心として海岸や島々も含み、秋田県と山形県にまたがるが、秋田県の方が面積が多く、江戸時代までの一大名所の象潟も含んでいる。象潟は鳥海山の約2,500年前の噴火による山体崩壊で日本海にできた小さな島々の多島海であった。島々に松が生え、「東の松島西の象潟」といわれたように、日本三景の松島のような風光明媚な名所になっていた。俳人松尾芭蕉も俳諧紀行『奥の細道』（1689）で松島と比較して象潟を評し、象潟の俳句を詠んでいた。同じく俳人の大淀三千風も俳諧

紀行『日本行脚文集』(1688〜89)で本朝十二景の一つに選んでいた。また、地理学者の古川古松軒も紀行文『東遊雑記』(1788)でわが国の優れた風景37カ所の中にあげていた。しかし、1804 (文化元) 年の大地震で象潟は海底が隆起し、陸地になってしまう。その後、本荘藩の干拓事業による水田開発が行われるが、当時の蚶満寺の呼びかけで島々はそのまま保存される。地元では九十九島と呼んできたが、現在も水田の中に松の小島が点在する風景を見ることができる。

目 秋田白神県立自然公園白神山地　＊世界遺産

　秋田白神県立自然公園は秋田県側の白神山地を中心とする公園で、小岳(1,024 m) が白神山地世界自然遺産の一部となっている。さらに、世界遺産外の白神山地ブナ林の真瀬岳や、真瀬渓谷、藤里峡など美しい渓谷をとりこんでいる。この公園は、きみまち阪県立自然公園と八森岩館県立自然公園の一部を編入し、2004 (平成16) 年に新しく誕生した。1993 (平成5) 年の世界遺産誕生以降、世界遺産部分に利用が集中したことから、利用の分散を図り自然保護を期するため、外側に自然とふれあう新たなバッファゾーン (緩衝地帯) を設けたものである。

都 千秋公園　＊史跡、日本の都市公園100選、日本の歴史公園100選

　秋田駅の北西約500 m、秋田市の市街地に所在する。1869 (明治2) 年の版籍奉還によって全国にあった城の存城と廃城が決定され、存城が決まった城の土地は兵部省 (後の陸軍省) の所管となった。存城となった城跡の中で最も早い時期に公園になったのが千秋公園の前身である久保田城だった。久保田城は秋田藩主佐竹氏の居城で1602 (慶長7) 年に完成し、城を中心に城下町が発達して現在の秋田市街地を形成した。陸軍省が放置し、城跡の一部は畑や養魚場として使われ荒れるに任せていたが、1890 (明治23) 年には佐竹氏に払い下げられ公園整備が決定、1984 (昭和59) 年には佐竹氏から秋田市に寄贈された。札幌市の大通公園や岩手県の岩手公園同様、公園技師の長岡安平が1896 (明治29) 年に設計し、その後3回の改良を重ねて現在にいたる。千秋公園の名前は秋田県出身の漢学者狩野良知が秋田の繁栄を祈念して「千秋園」と命名したことに由来するといわれている。久保田城は天守と石垣がない城としても知られており、公園は元の城

郭の形を生かして設計された。唯一残る建物は御物頭番所で秋田市の文化財に指定されている。1989（平成元）年には市制施行百周年を記念して公園のシンボルとして鉄筋コンクリート造の御隅櫓が、2000（平成12）年には表門が建設された。本来は二重だった御隅櫓の上に赤い欄干の展望室が付け足され、秋田市街を一望できるようになった。公園の南東には佐竹史料館があり藩政時代の資料を展示している。

都 小坂中央公園（明治百年通り）

*重要文化財、日本の歴史公園100選

　小坂町は秋田県と青森県の県境に位置し十和田湖を擁する。町には銀、銅、亜鉛、鉛などを産出した小坂鉱山があり、小坂中央公園はその市街地にある。明治百年通りの名前で知られており、2棟の国指定文化財の他、多くの近代化遺産を見ることができる。1902（明治35）年に始まった黒鉱自溶製錬によって、小坂鉱山は足尾、別子とともに日本三大銅山の一つと称された。旧小坂鉱山事務所は鉱山全盛期の05（明治38）年に建設され、97（平成9）年まで90年以上にわたり現役で利用されていた。2001（平成13）年には元の位置から約500ｍ南の公園の敷地内に移築され、資料の展示室やレストランとして活用されている。玄関を入ると優雅な螺旋階段の上部から自然の明かりが射し込み、往時の繁栄を感じることができる。康楽館は鉱山の福利厚生施設として1910（明治43）年に建設された芝居小屋である。回り舞台はろくろ仕掛けと呼ばれるもので、地下の奈落で4人が人力で回して動かす。康楽館では現在も芝居や歌舞伎が上演されている。旧小坂鉱山事務所と康楽館は2002（平成14）年に国の重要文化財に指定された。公園には国の登録有形文化財である従業員の幼児教育の施設「天使館（旧聖園マリア園）」、病院の霊安施設「旧小坂鉱山病院記念棟」のほか、カフェとして使われている「旧小坂鉱山工作課原動室」（電気室）もある。康楽館の前には大のぼりが立ち並び、公園の目抜き通りをゆったりと散策することができる。隣接する小坂鉄道レールパークには秋田県の有形文化財に指定された旧小坂鉄道蒸気機関車と貴賓客車、国の登録有形文化財の駅舎とプラットホームがある。鉱山に暮らした人々の息遣いを現在に感じることができる公園である。

地域の特性

秋田県は、奥羽山脈の西側を占め、日本海に面する県であり、気候は冬季に北西の季節風によって寒く、降雪量が多い雪国である。8月初旬の東北三大祭の秋田竿灯まつりをはじめ、2月中旬の横手市の雪祭りで、子供たちが水神様を祀った雪室で語り合う「かまくら」や、男鹿半島の大晦日に鬼が子供の怠惰や悪事を戒める「なまはげ」は、地域色の強い民俗行事の伝統を今に継承している。

八郎潟の大規模な干拓もあり、「あきたこまち」をはじめとする全国有数の米の産地であり、水稲収穫量は新潟、北海道に次いで3位である。また、林業も盛んで、日本三大美林の秋田杉の産地として知られている。八幡平や白神山地に代表される自然豊かな観光地は、地域の人々の自然保護への尽力のもとに今日があることを忘れることはできない。

◆旧国名：羽後、陸中　県花：フキノトウ　県鳥：ヤマドリ

温泉地の特色

県内には宿泊施設のある温泉地が127カ所あり、源泉総数は512カ所、湧出量は毎分7万7,000ℓで全国9位である。年間延べ宿泊客数は171万人で全国24位にランクされる。中心的な温泉地として、玉川、後所掛、ふけの湯などの多くの湯治場が集中している八幡平温泉郷が27万人を集めており、これらの温泉地は国民保養温泉地に指定されている。

さらに、田沢湖高原温泉郷や乳頭温泉郷（鶴の湯、黒湯、孫六、妙乃湯、大釜、蟹場）で構成される秘湯的な温泉地も国民保養温泉地である。秋田新幹線が開通して首都圏からの客が数多く来訪するようになり、県内の国民保養温泉地宿泊客数は41万人に及んでいる。

①八幡平温泉郷（玉川・御生掛・ふけの湯・大深・大沼）

国民保養温泉地

酸性泉、含鉄泉、硫黄泉

　県中東部、奥羽山脈の高地に玉川、後生掛、ふけの湯、大深、大沼などの一軒宿の山の湯が点在し、岩手県側の藤七を加えて、1959（昭和34）年に八幡平国民保養温泉地に指定された。その中心が玉川温泉であり、療養、保養の客が多い。八幡平では、アオモリトドマツの常緑針葉樹林やブナの広葉樹林、噴気を上げる地熱地帯など自然景観を楽しめる。

　玉川温泉は焼山山麓の標高700ｍの山間に位置し、泉質は酸性泉、泉温は95℃で、毎分9,000ℓもの大量の温泉が湧出し、大浴場に引湯されている。地熱地帯であるので、地蒸しオンドル小屋や屋外には「岩盤浴」の施設があり、日本の温泉療養のメッカでもある。明治中期に小屋がけの浴場があったが、1932（昭和7）年に湯瀬温泉の旅館業者が買収し、国有地を借地して湯治場経営に乗り出した。第2次世界大戦後の観光の時代にも湯治場として機能し、夏季には温泉医が療養相談に応じている。旅館は自炊部と旅館部に分かれ、療養と保養の客が多い。1999（平成11）年に新設された新玉川温泉も滞在型の保養客が多い。十数年前には、自炊部、旅館部ともに中高年層が80％を占め、客は東北地方や関東地方などからも来ていた。湯治客は高血圧、消化器や循環器に疾患がある者が多く、神経痛、リウマチ、ストレスの解消などの目的で湯治生活をし、大半が湯治効果を評価していた。周囲の地熱地帯では湯の花が採取され、特別天然記念物の「北投石」やブナの原生林が広がり、日帰り客も増えている。

　後生掛温泉も噴気孔や泥火山がみられ、自然研究路が整備されており、温泉現象の学習に適している。浴場には泥湯と名物の箱蒸し風呂があり、湯治客用の地熱利用のオンドル小屋もある。近くのふけの湯温泉の湯治宿は土砂崩れにあったが、その後復興された。

交通：JR秋田新幹線田沢湖駅、バス1時間20分（玉川）

②乳頭温泉郷（黒湯・蟹場・大釜・妙乃湯・孫六・鶴の湯・休暇村）

国民保養温泉地

単純温泉、炭酸水素塩泉、硫酸塩泉、硫黄泉、酸性泉

　県中東部、奥羽山脈中の乳頭山麓に、田沢湖高原温泉郷と乳湯温泉郷があり、1967（昭和42）年に国民保養温泉地に指定された。乳頭温泉郷には鶴の湯、黒湯、孫六、妙乃湯、大釜、蟹場、休暇村田沢湖高原の一軒宿が点在し、いずれも秘湯の名に値する特色のある保養温泉地が集まっている。秋田新幹線が開通して東京からの近接性が高まり、3時間で田沢湖駅に着き、連絡するバスを加えて約4時間で到達できるようになった。近年では、首都圏の都市部からの若い女性観光客も多数訪れている。

　鶴の湯温泉は歴史が最も古く、江戸時代前期の元禄時代に田沢村の羽川家が湯守を務め、湯治場を開いた。秋田藩佐竹氏の湯治場としても利用され、茅葺きの宿舎である本陣の名は、その名残である。温泉郷は標高約800mの高地にあり、休業する冬季を除いて、湯治客は約10日間の滞在をして心身を癒した。1953（昭和28）年に鶴の湯が旅館部を設置し、短期滞在の客を受け入れて以後、他の温泉地にも普及した。各温泉地の温泉資源は豊かであり、泉質は炭酸水素塩泉（鶴の湯）、硫黄泉（黒湯、休暇村）、酸性泉（妙乃湯）、硫酸塩泉（大釜）、単純温泉（孫六、蟹場）のように温泉地ごとに異なり、湯めぐりを楽しめる。源泉かけ流しの豊富な温泉は、内湯や野趣豊かな露天風呂や打たせ湯に利用されている。

　鶴の湯の乳白色の大露天風呂は、温泉が地の底から湧き出した温泉池そのものであり、小屋がけ風の和風旅館も自然環境とマッチし、素朴な山の湯にふさわしい。黒湯でも、源泉が湧く地獄地帯に接して茅葺きの浴場や檜皮葺の屋根をかけ、シラカバの柱を立てた露天風呂と打たせ湯があり、孫六では石置き屋根が情緒豊かである。特に、温泉資源、自然環境、温泉情緒の3拍子ともに優れた乳頭温泉郷では、宿泊料金も標準的である。また、鶴の湯の「山の芋鍋」など郷土色豊かな料理を味わえるのも秘湯の醍醐味である。温泉郷の近くには、スキー場、ハイキング道、登山道も整備されて大自然を満喫でき、田沢湖や角館などの著名な観光地にも足を延ばせる。

交通：JR秋田新幹線田沢湖駅、バス40分

③秋ノ宮　国民保養温泉地
　　　　　塩化物泉

　県南東部、奥羽山脈中にある山の湯であり、栗駒国定公園内の景勝地にある温泉地である。1978（昭和53）年に国民保養温泉地に指定された。50℃を超える高温の温泉が湧いており、川原を手で掘るだけで温泉が湧き、石で囲んだ足湯「川原の湯っこ」がある。冬には雪祭りで「かまくら足湯」を楽しむこともできる。春の新緑、秋の紅葉の時期には、高さ40mの湯ノ又大滝と一体となった自然の景観を満喫できる。温泉プールも整備されているが、各宿の温泉浴場めぐりも可能である。

交通：JR奥羽本線横堀駅、バス40分

④男鹿　塩化物泉

　県中西部、日本海に突き出た男鹿半島の突端に近く、男鹿国定公園内にある温泉地で、男鹿観光の宿泊地として発展した。近世期、秋田藩主佐竹氏が湯本温泉に入浴したという。1952（昭和27）年に最初の温泉旅館が開業して以後、宿泊施設が増えた。白砂青松の海岸線や火山の爆裂火口（マール地形）に海水が溜まった一ノ目潟、二ノ目潟、三ノ目潟は、寒風山や入道崎の景観などと一体となって多くの観光客を吸引している。男鹿といえば、「なまはげ」行事が有名で、4月下旬から12月中旬までの毎週金・土曜日に、無料の「ナマハゲふれあい太鼓ライブ」も実施されている。また、3施設の温泉入浴を楽しめる「三湯めぐり」パスポートがあり、地域づくりが盛んである。

交通：JR男鹿線男鹿駅、バス50分

⑤湯瀬　硫化水素泉

　県北東部、岩手県境に近い米代川の上流の渓谷に沿う温泉地である。川の瀬から温泉が湧き、湯瀬の地名となったといわれる。湯瀬渓谷には絶壁や奇岩が形成され、岩と一体となったヒメコマツが渓谷美をつくり出して新秋田三十景に選ばれている。十和田湖にも近く、周遊観光の拠点でもあって宿泊施設は充実しており、規模の大きな温泉ホテルと湯治宿が共存していて多様な客層にも対応している。

交通：JR 花輪線鹿角花輪駅

⑥**小安峡**　塩化物泉
　　　<ruby>お<rt>お</rt></ruby><ruby>やすきょう<rt>やすきょう</rt></ruby>

　県南東部、奥羽山脈真っ只中の山間にあり、皆瀬川上流の渓谷の岩間の各所から98℃もの熱湯が噴出している。200段もある急な階段を降りると、川底に遊歩道が整備されており、地球の息吹を感じることができる。同時に、8km も続く渓谷は、春の新緑や秋の紅葉を満喫できる名所でもある。近くに足を延ばせば、泥火山の雰囲気を漂わせる泥湯温泉に浸かることもできる。

交通：JR 奥羽本線湯沢駅、バス1時間10分

執筆者 / 出典一覧

※参考参照文献は紙面の都合上割愛
しましたので各出典をご覧ください

Ⅰ 歴史の文化編

【遺　　跡】　石神裕之　（京都芸術大学歴史遺産学科教授）『47都道府県・遺跡百科』(2018)

【国宝 / 重要文化財】　森本和男　（歴史家）『47都道府県・国宝 / 重要文化財百科』(2018)

【城　　郭】　西ヶ谷恭弘　（日本城郭史学会代表）『47都道府県・城郭百科』(2022)

【戦国大名】　森岡浩　（姓氏研究家）『47都道府県・戦国大名百科』(2023)

【名門 / 名家】　森岡浩　（姓氏研究家）『47都道府県・名門 / 名家百科』(2020)

【博物館】　草刈清人　（ミュージアム・フリーター）・可児光生　（美濃加茂市民ミュージアム館長）・坂本昇　（伊丹市昆虫館館長）・髙田浩二　（元海の中道海洋生態科学館館長）『47都道府県・博物館百科』(2022)

【名　　字】　森岡浩　（姓氏研究家）『47都道府県・名字百科』(2019)

Ⅱ 食の文化編

【米 / 雑穀】　井上繁　（日本経済新聞社社友）『47都道府県・米 / 雑穀百科』(2017)

【こなもの】　成瀬宇平　（鎌倉女子大学名誉教授）『47都道府県・こなもの食文化百科』(2012)

【くだもの】　井上繁　（日本経済新聞社社友）『47都道府県・くだもの百科』(2017)

【魚　　食】　成瀬宇平　（鎌倉女子大学名誉教授）『47都道府県・魚食文化百科』(2011)

【肉　　食】　成瀬宇平　（鎌倉女子大学名誉教授）・横山次郎　（日本農産工業株式会社）『47都道府県・肉食文化百科』(2015)

【地　　鶏】　成瀬宇平　（鎌倉女子大学名誉教授）・横山次郎　（日本農産工業株式会社）『47都道府県・地鶏百科』(2014)

【汁　　物】　野﨑洋光　（元「分とく山」総料理長）・成瀬宇平　（鎌倉女子大学名誉教授）『47都道府県・汁物百科』(2015)

【伝統調味料】　成瀬宇平　（鎌倉女子大学名誉教授）『47都道府県・伝統調味料百科』(2013)

【発　　酵】　北本勝ひこ　（日本薬科大学特任教授）『47都道府県・発酵文化百科』(2021)

【和菓子／郷土菓子】 **亀井千歩子** （日本地域文化研究所代表）『47都道府県・和菓子／郷土菓子百科』(2016)

【乾物／干物】 **星名桂治** （日本かんぶつ協会シニアアドバイザー）『47都道府県・乾物／干物百科』(2017)

Ⅲ　営みの文化編

【伝統行事】 **神崎宣武** （民俗学者）『47都道府県・伝統行事百科』(2012)

【寺社信仰】 **中山和久** （人間総合科学大学人間科学部教授）『47都道府県・寺社信仰百科』(2017)

【伝統工芸】 **関根由子・指田京子・佐々木千雅子** （和くらし・くらぶ）『47都道府県・伝統工芸百科』(2021)

【民　　話】 **小堀光夫** （國學院大學文学部兼任講師）／花部英雄・小堀光夫編『47都道府県・民話百科』(2019)

【妖怪伝承】 **丸谷仁美** （秋田県立博物館主任学芸専門員）／飯倉義之・香川雅信編、常光 徹・小松和彦監修『47都道府県・妖怪伝承百科』(2017)イラスト©東雲騎人

【高校野球】 **森岡 浩** （姓氏研究家）『47都道府県・高校野球百科』(2021)

【やきもの】 **神崎宣武** （民俗学者）『47都道府県・やきもの百科』(2021)

Ⅳ　風景の文化編

【地名由来】 **谷川彰英** （筑波大学名誉教授）『47都道府県・地名由来百科』(2015)

【商店街】 **正木久仁** （大阪教育大学名誉教授）／正木久仁・杉山伸一編著『47都道府県・商店街百科』(2019)

【花風景】 **西田正憲** （奈良県立大学名誉教授）『47都道府県・花風景百科』(2019)

【公園／庭園】 **西田正憲** （奈良県立大学名誉教授）・**飛田範夫** （庭園史研究家）・**井原 縁** （奈良県立大学地域創造学部教授）・**黒田乃生** （筑波大学芸術系教授）『47都道府県・公園／庭園百科』(2017)

【温　　泉】 **山村順次** （元城西国際大学観光学部教授）『47都道府県・温泉百科』(2015)

索　　引

47都道府県ご当地文化百科・秋田県

令和 6 年 6 月 30 日　発　行

編　者　丸　善　出　版

発行者　池　田　和　博

発行所　丸善出版株式会社
〒101-0051 東京都千代田区神田神保町二丁目17番
編集：電話 (03)3512-3264／FAX (03)3512-3272
営業：電話 (03)3512-3256／FAX (03)3512-3270
https://www.maruzen-publishing.co.jp

© Maruzen Publishing Co., Ltd. 2024

組版印刷・富士美術印刷株式会社／製本・株式会社 松岳社

ISBN 978-4-621-30928-5　C 0525　　　　　Printed in Japan